EINZELHANDEL

Kauffrau/Kaufmann im Einzelhandel

3. Ausbildungsjahr
Lernfelder 11–14

Arbeitsbuch

von

Arndt Brockmann
Reinhold Duczek
Markus Fox
Günter Hellmers
Karin Jockel
Marianne Kiepe
Renate Villmow
Ralf Wettlaufer
Annika Wiegard

unter Mitarbeit der Verlagsredaktion

Winklers

Lernfeld 14
Ein Einzelhandelsunternehmen leiten und entwickeln

Vorwort

Dieses Arbeitsbuch beinhaltet Aufgaben und Lernsituationen für die Lernfelder 11 bis 14 der Ausbildung im Einzelhandel.

Für jedes Lernfeld gibt es **Lernsituationen,** die speziell auf die Ausbildung im Einzelhandel zugeschnitten sind.

Für jedes Kapitel gibt es Erarbeitungsaufgaben zur Erschließung des Lernstoffs sowie **Zusatzaufgaben** zur Übung und Festigung des Lernstoffs (Förderaufgaben) und **Forderaufgaben** zur Vertiefung der Kenntnisse.

Die Kapitelstruktur ist identisch mit dem Aufbau der Lernfelder im Lehrbuch „EINZELHANDEL, 3. Ausbildungsjahr“ (Best.-Nr. 5503). In diesem Buch befinden sich für jedes Kapitel **Kompetenzraster,** die den Schülerinnen und Schülern helfen, ihre Kenntnisse und Fähigkeiten einzuschätzen, die sie bereits für die einzelnen Lernfelder erworben haben. Die **Kompetenzraster** werden auch als Download zur Best.-Nr. 5503 angeboten.

Bevor die Schülerinnen und Schüler sich mithilfe des Kompetenzrasters prüfen, sollten sie den Unterrichtsstoff durch das Bearbeiten der Erarbeitungsaufgaben verstanden und geübt haben. Stellen sie fest, dass sie die im Kompetenzraster dargestellten Kompetenzen nicht oder eher nicht beherrschen, können sie diese anhand der **Zusatzaufgaben** in diesem Buch erarbeiten. Stellen sie fest, dass sie bereits alle Kompetenzen beherrschen, können sie ihre Kenntnisse und Fähigkeiten mithilfe der **Forderaufgaben** in diesem Arbeitsbuch erweitern.

Die farbliche Führung, das Register am Seitenrand und ein detailliertes Inhaltsverzeichnis helfen, die jeweiligen Aufgaben schnell zu finden.

Für Verbesserungsvorschläge und Anregungen sind Verlag und Autoren stets dankbar.

Winklers Verlag, Frühjahr 2014

1. Auflage, 2014
© Bildungshaus Schulbuchverlage
Westermann Schroedel Diesterweg
Schöningh Winklers GmbH
Postfach 33 20, 38023 Braunschweig
service@winklers.de
www.winklers.de
Redaktion: Eva Maroske
Grafiken: Claudia Hild, Angelburg
Satz: Ottomedien, Hanhofen
Druck: westermann druck GmbH, Braunschweig
ISBN 978-3-8045-**5506**-8

Situation
Erarbeitung
Zusatz
Forder

11 Geschäftsprozesse erfolgreich steuern

Lernsituation 1: Kauf von Waren und Anlagevermögen

Situation

Das Sportgeschäft Aslan Board & Bike OHG handelt mit Sportgeräten, Sportausrüstungen und Zubehör für die unterschiedlichsten Sportarten. Herr Aslan ist bemüht, ständig ein umfangreiches und vollständiges Sortiment in seinem Verkaufsgeschäft zu präsentieren. Monatlich überprüft er deshalb seine Vorräte und kauft Artikel nach.

Herr Aslan überprüft zu Beginn des Monats seinen Bestand an Tennisschlägern, es ergibt sich die in Abbildung M1 dargestellte Ist-Situation. Im Verkaufspreis sind 19 % Umsatzsteuer enthalten. Herr Aslan kalkuliert die Verkaufspreise mit 25 % Handlungskosten und 10 % Gewinn.

Die Firma Tennis-Meier GmbH bietet die Schläger zum günstigsten Bezugspreis an, Herr Aslan löst eine Bestellung aus. Für die Lieferung erhält er die in Abbildung M2 dargestellte Rechnung. Im selben Monat ist in seiner Filiale in Altstadt der PC ausgefallen. Damit seine Frau die Buchhaltung lückenlos erledigen kann, muss er außerdem bei der Firma Trendino Computer-Shop GmbH einen neuen PC kaufen. Auch dafür erhält er eine Rechnung, vgl. M3.

Material

Artikel	Verkaufspreis	Bestand
Tennisschläger Marke Head	196,35 €	2
Tennisschläger Marke Völkl	222,53 €	4
Tennisschläger Marke Dunlop	261,80 €	8

M1 Bestand Tennisschläger

Tennis-Meier GmbH • Südwall 11 • 99000 Altstadt

Sportgeschäft
Aslan Board & Bike OHG
Elisabeth-Monzel-Straße 125
99000 Altstadt

Rechnung

Menge	Einheit	Bezeichnung	Einzelpreis (€)	Gesamtpreis (€)
25	Stück	Tennisschläger Marke Head	120,00	3.000,00
20	Stück	Tennisschläger Marke Völkl	136,00	2.720,00
10	Stück	Tennisschläger Marke Dunlop	160,00	1.600,00
		Rechnungsbetrag netto		7.320,00
		Zuzüglich 19 % Umsatzsteuer		1.390,80
		Rechnungsendbetrag brutto		**8.710,80**

M2 Rechnung der Firma Tennis-Meier GmbH

Situation
Erarbeitung
Zusatz
Forder

Trendino GmbH · Landsberger Allee 134 · 99000 Altstadt

TRENDINO
Computer-Shop GmbH, Altstadt

Sportgeschäft
Aslan Board & Bike OHG
Elisabeth-Monzel-Straße 125
99000 Altstadt

Rechnung

Menge	Einheit	Bezeichnung	Einzelpreis (€)	Gesamtpreis (€)
1	Stück	Personalcomputer	950,00	950,00
		Konfiguration und Installation Betriebssystem und Standardsoftware Office	100,00	100,00
		Rechnungsbetrag netto		1.050,00
		Zuzüglich 19 % Umsatzsteuer		199,50
		Rechnungsendbetrag brutto		**1.249,50**

M3 Rechnung der Firma Trendino Computer-Shop GmbH

Arbeitsaufträge zur Lernsituation 1

1. Begründen Sie, welche Artikel, die Herr Aslan in diesem Monat einkauft, Umsatzartikel sind.

....

....

2. Berechnung von Verkaufspreisen

a) Wiederholen Sie die Begriffe Bezugspreis, Nettoverkaufspreis und Bruttoverkaufspreis. Sie sind Ihnen aus dem Kalkulationsschema im LF 9 bekannt.

Bezugspreis	Nettoverkaufspreis	Bruttoverkaufspreis

b) Vervollständigen Sie die folgende Tabelle anhand der obigen Angaben.

Tennisschläger	Bezugspreis pro Stück	Nettoverkaufspreis pro Stück	Bruttoverkaufspreis pro Stück
Marke Head			196,35 €
Marke Völkl	136,00 €		
Marke Dunlop		220,00 €	

3. Mithilfe der verkauften Warenmenge errechnet Herr Aslan seine Umsatzerlöse für diesen Monat. Der Warenverkauf wird dabei mit den Nettoumsatzerlösen erfasst. In diesem Monat kann Herr Aslan folgende Stückzahlen bei den drei Markenschlägern verkaufen:

- Marke Head 21 Stück
- Marke Völkl 20 Stück
- Marke Dunlop 12 Stück

Situation
Erarbeitung
Zusatz
Forder

Berechnen Sie, wie hoch die Umsatzerlöse sind, die Herr Aslan bei dem Verkauf der Tennisschläger in diesem Monat erreicht.

Tennisschläger	Nettoverkaufspreis pro Stück	Absatzmenge	Umsatzerlöse
Marke Head			
Marke Völkl			
Marke Dunlop			
Umsatzerlöse gesamt			

4. Herr Aslan möchte für alle drei Warengruppen den Wareneinsatz bestimmen. Der Wareneinsatz ist die Menge der verkauften Waren zu Bezugspreisen. Berechnen Sie den Wareneinsatz.

Tennisschläger	Bezugspreis pro Stück	Absatzmenge	Wareneinsatz
Marke Head			
Marke Völkl			
Marke Dunlop			
Wareneinsatz gesamt			

5. Die Differenz zwischen Umsatzerlösen und Wareneinsatz ist der Rohgewinn.

a) Berechnen Sie den Rohgewinn pro Stück.

Tennisschläger	Nettoverkaufspreis pro Stück	Bezugspreis pro Stück	Rohgewinn pro Stück
Marke Head			
Marke Völkl			
Marke Dunlop			

b) Berechnen Sie den Rohgewinn insgesamt.

Tennisschläger	Umsatzerlöse	Wareneinsatz	Rohgewinn
Marke Head			
Marke Völkl			
Marke Dunlop			
Rohgewinn gesamt			

6. Überlegen Sie, wie sich die Bestände bei den drei Sorten Tennisschlägern am Monatsende durch den Zu- und Verkauf verändert haben. Bei welchem Tennisschläger hat sich der Bestand verringert, bei welchem erhöht und bei welchem ist er genauso geblieben wie am Monatsanfang?

Tennis-schläger	Bestand am Monatsanfang	zugekaufte Menge	Absatz-menge	Bestand am Monatsende	Bestands-veränderung
Marke Head	2 Stück	25 Stück	21 Stück		
Marke Völkl	4 Stück	20 Stück	20 Stück		
Marke Dunlop	8 Stück	10 Stück	12 Stück		

Situation
Erarbeitung
Zusatz
Forder

7. Nehmen Sie an, Herr Aslan hat am Monatsende folgende Bestände für die drei Sorten Tennisschläger ermittelt und der Einkauf wäre gleich geblieben.

a) Berechnen Sie, wie viele Stückzahlen er dann jeweils abgesetzt hätte.

Tennisschläger	Bestand am Monatsanfang	Zugekaufte Menge	Bestand am Monatsende	Absatzmenge
Marke Head	2 Stück	25 Stück	1 Stück	
Marke Völkl	4 Stück	20 Stück	10 Stück	
Marke Dunlop	8 Stück	10 Stück	5 Stück	

b) Geben Sie an, wie sich sein Rohgewinn verändern würde.

Tennisschläger	Rohgewinn pro Stück (TZ 5)	Absatzmenge (TZ 7)	Rohgewinn gesamt
Marke Head			
Marke Völkl			
Marke Dunlop			
Rohgewinn gesamt			

8. Die Ein- und Verkäufe eines Einzelhändlers sind mit Umsatzsteuer belastet. Die Umsatzsteuer beim Einkauf, die auch Vorsteuer heißt, muss Herr Aslan an seine Lieferanten bezahlen. Die Umsatzsteuer beim Verkauf erhält Herr Aslan von seinen Kunden.

a) Berechnen Sie, wie hoch die Vorsteuer insgesamt ist, die Herr Aslan für beide Einkäufe bezahlen muss.

....

b) Berechnen Sie, wie hoch die Umsatzsteuer ist, die Herr Aslan beim Verkauf der Tennisschläger von seinen Kunden erhält.

Tennisschläger	Bruttoverkaufs-preis	Umsatzsteuer 19 %	Absatzmenge	Umsatzsteuer Absatzmenge
Marke Head	196,35 €		21 Stück	
Marke Völkl	222,53 €		20 Stück	
Marke Dunlop	261,80 €		12 Stück	
Umsatzsteuer Verkauf gesamt				

9. Der Einzelhändler muss die Umsatzsteuer, die er von seinen Kunden erhält, an das Finanzamt weitergeben. Er darf sich allerdings die Vorsteuer davon abziehen. Berechnen Sie, wie hoch demnach die Umsatzsteuer ist, die Herr Aslan in diesem Monat an das Finanzamt zahlen muss.

Umsatzsteuer	
– Vorsteuer	
Zahlbetrag an das Finanzamt	

10. Den Personalcomputer, den Herr Aslan von der Firma Trendino Computer-Shop GmbH gekauft hat, wird er über einen längeren Zeitraum in seinem Geschäft nutzen. Er gehört deshalb zum Anlagevermögen. Herr Aslan muss nun dafür die Anschaffungskosten des Computers bestimmen. Zu den Anschaffungskosten gehören neben dem eigentlichen Kaufpreis immer auch die Anschaffungsnebenkosten. Die Umsatzsteuer gehört nicht zu den Anschaffungskosten.

a) Schauen Sie sich die Rechnung der Trendino Computer-Shop GmbH an (vgl. M3). Geben Sie an, wie hoch der Kaufpreis und wie hoch die Anschaffungsnebenkosten sind. Begründen Sie Ihre Antwort.

....

....

b) Nennen Sie weitere drei Beispiele für Kosten, die Anschaffungsnebenkosten beim Kauf eines Gegenstands sein könnten.

....

....

c) Berechnen Sie die Anschaffungskosten des Computers.

....

11. Anlagegenstände nutzen sich durch den ständigen Gebrauch ab. Wie lange ein Anlagegegenstand genutzt werden sollte, schreibt die amtliche Abschreibungstabelle des Bundesministeriums für Finanzen vor. Recherchieren Sie im Internet, wie lange die amtliche Nutzungsdauer folgender Gegenstände vorgegeben wird. Nutzen Sie dabei die AfA-Tabelle für allgemein verwendbare Anlagegüter.

Gegenstand	amtliche Nutzungsdauer
Motorroller	
Mikrowellengeräte	
Fleischwaage	
Hubschrauber	
Fernsehgerät	

12. Die Abnutzung muss der Einzelhändler als Abschreibung in seinen Aufwendungen erfassen. Dafür muss er die Anschaffungskosten in gleichen Jahresbeträgen auf die gesamte Nutzungsdauer verteilen. Geben Sie an, welchen Betrag von den Anschaffungskosten des Computers Herr Aslan jährlich als Abschreibungen erfassen muss, wenn der Computer drei Jahre genutzt wird und die Anschaffungskosten am Ende der Nutzungsdauer gleich Null sein sollen.

....

Lernsituation 2: Verteilung von Kosten und Kalkulation eines Verkaufspreises

Situation

Lena Sievers ist als Auszubildende im 3. Lehrjahr seit Jahresbeginn in der Controllingabteilung der Modehaus Müller GmbH tätig. Zum Quartalsende erkrankt Frau Sonthaus, die Controllerin. Herr Müller, der Geschäftsführer, hat neue französische Damenwintermäntel eingekauft. Der Bezugspreis je Mantel beträgt 299,00 €. Herr Müller möchte nun von Lena den Handlungskostenzuschlagsatz der Damenabteilung für das zurückliegende Quartal wissen. Er möchte diesen bei der Verkaufskalkulation für den neuen Artikel im Sortiment anwenden. Lena weiß, dass sie diese Daten mit der Kosten- und Leistungsrechnung ermitteln kann.

Situation
Erarbeitung
Zusatz
Forder

Zum Glück hat Frau Sonthaus die wichtigsten Arbeitsschritte dokumentiert:
- Umsatzerlöse und Wareneinsatz nach Abteilungen aus dem Warenwirtschaftssystem abrufen
- aus der Gewinn- und Verlustrechnung ablesen, welche Kosten in welcher Höhe im Quartal angefallen sind (Kostenartenrechnung)
- überlegen, wo diese Kosten im Unternehmen angefallen sind (Kostenstellenrechnung)
- Kosten, bei denen man nicht genau sagen kann, in welcher Höhe sie für die einzelne Abteilung angefallen sind, im Betriebsabrechnungsbogen auf die Abteilungen verteilen
- Handlungskostenzuschlagsatz je Abteilung berechnen

Aus der Betriebsbuchhaltung liegt Lena für das zurückliegende Quartal die Gewinn- und Verlustrechnung vor (vgl. M1). Das Modehaus besteht aus vier Verkaufsabteilungen: Damen, Herren, Kinder und Sport. Aus dem Warenwirtschaftssystem des Modehauses kann Lena für das zurückliegende Quartal die in Abb. M2 dargestellten Daten entnehmen.

Material

Umsatzerlöse	3.060.000,00 €
Wareneinsatz	1.560.000,00 €
Rohgewinn	1.500.000,00 €
Personalkosten	835.000,00 €
Abschreibungen	421.000,00 €
Energie	35.800,00 €
Heizungskosten	42.000,00 €
Werbung	68.000,00 €
Reinigungskosten	8.200,00 €
Reingewinn	90.000,00 €

M1 GuV der Modehaus Müller GmbH für das vergangene Quartal

1. Quartal 20..			
Abteilungen/Warengruppen	**Wareneinsatz**	**Umsatz**	**Rohgewinn**
Damenbekleidung	436.000,00 €	574.000,00 €	138.000,00 €
Herrenbekleidung	512.000,00 €	781.000,00 €	269.000,00 €
Kinderbekleidung	329.000,00 €	825.000,00 €	496.000,00 €
Sportbekleidung	283.000,00 €	880.000,00 €	597.000,00 €
Warengruppen gesamt	**1.560.000,00 €**	**3.060.000,00 €**	**1.500.000,00 €**

M2 Warengruppenanalyse nach Rohgewinn

Arbeitsaufträge zur Lernsituation 2

1. Betrachten Sie die Gewinn- und Verlustrechnung der Modehaus Müller GmbH.

a) Notieren Sie, welche Kosten im zurückliegenden Quartal angefallen sind.

b) Geben Sie an, wie hoch diese Kosten jeweils sind.

c) Geben Sie an, wie hoch die Handlungskosten sind.

d) Geben Sie an, wie hoch die Kosten insgesamt im 1. Quartal sind.

a) Welche Kosten sind angefallen?	b) Höhe der Kosten
c) Handlungskosten	
d) Kosten insgesamt (1. Quartal)	

e) Lena hat sich gemerkt, dass es im Unternehmen Kosten gibt, die man direkt einer Abteilung zuordnen kann. Überlegen Sie, bei welchen dieser Kosten es möglich ist, sie direkt den einzelnen Abteilungen zuzuordnen und bei welchen Kosten das vielleicht teilweise möglich wäre. Begründen Sie Ihre Antwort.

....

....

....

....

2. Die Umsatzerlöse je Abteilung entnimmt Lena dem Warenwirtschaftssystem. Berechnen Sie, wie hoch der Rohgewinn für jede Abteilung in Prozent vom Umsatz ist. Vergeben Sie eine Rangfolge, den ersten Platz soll die Abteilung mit dem höchsten Rohgewinnanteil erhalten.

Abteilungen/ Warengruppen	Umsatz	Rohgewinn	Rohgewinnanteil	Rangfolge
Damenbekleidung				
Herrenbekleidung				
Kinderbekleidung				
Sportbekleidung				

3. Lena weiß, dass Kosten, die man nicht so einfach einer Abteilung zuordnen kann, Gemeinkosten heißen. Man kann sie entweder von Belegen ablesen und dann der Abteilung zuordnen oder man muss sich einen Verteilungsschlüssel überlegen. Im Einzelhandel sind das die Handlungskosten. Die Personalkosten werden anhand der Gehaltslisten aus der Personalabrechnung verteilt. Aus der Personalabrechnung liegen für das zurückliegende Quartal die in der Tabelle dargestellten Gehaltsdaten vor. Berechnen Sie, wie hoch die Personalkosten je Abteilung im ersten Quartal sind.

Abteilungen/ Warengruppen	Personalkosten in €			
	Januar	Februar	März	Summe 1. Quartal
Damenbekleidung	95.000,00	94.000,00	96.600,00	
Herrenbekleidung	65.000,00	69.000,00	68.500,00	
Kinderbekleidung	45.000,00	45.000,00	46.200,00	
Sportbekleidung	68.000,00	70.300,00	72.400,00	
gesamt	273.000,00	278.300,00	283.700,00	

Situation
Erarbeitung
Zusatz
Forder

4. Für die Verteilung der Abschreibungen und der Werbungskosten liegen Lena ebenfalls Zahlen aus der Buchführung vor. Ermitteln Sie auch hier die Quartalssummen für die einzelnen Abteilungen.

Abteilungen/ Warengruppen	**Abschreibungen in €**			
	Januar	**Februar**	**März**	**Summe 1. Quartal**
Damenbekleidung	29.000,00	29.000,00	29.000,00	
Herrenbekleidung	22.000,00	22.000,00	22.000,00	
Kinderbekleidung	47.000,00	47.000,00	47.000,00	
Sportbekleidung	42.000,00	42.000,00	42.000,00	
gesamt	140.000,00	140.000,00	140.000,00	

Abteilungen/ Warengruppen	**Werbekosten in €**			
	Januar	**Februar**	**März**	**Summe 1. Quartal**
Damenbekleidung	4.600,00	3.400,00	4.900,00	
Herrenbekleidung	4.100,00	3.600,00	3.800,00	
Kinderbekleidung	2.700,00	0,00	3.600,00	
Sportbekleidung	12.900,00	10.400,00	14.000,00	
gesamt	24.300,00	17.400,00	26.300,00	

5. Bei den übrigen Handlungskosten ist ein Verteilungsschlüssel anzuwenden. Verteilungsschlüssel können z. B. sein:

- die Quadratmeter Verkaufsfläche,
- die Kubikmeter Rauminhalt oder
- die Höhe der Umsatzerlöse

a) Überlegen Sie sich drei weitere Möglichkeiten, wonach man Kosten verteilen könnte.

....

....

....

b) In Ihrem Ausbildungsbetrieb wird ein Fachseminar durchgeführt. Daran nehmen 25 Mitarbeiter teil. 18 Mitarbeiter arbeiten im Verkauf und sieben Mitarbeiter in der Verwaltung. Die Kosten für das Seminar betragen 2.500,00 €. Machen Sie einen Vorschlag, wie diese Kosten am einfachsten auf die Abteilung Verkauf und die Abteilung Verwaltung aufgeteilt werden können. Nehmen Sie die Aufteilung mit der Verteilungsrechnung vor.

....

....

....

....

....

6. Die Kosten für Energie, Heizung und Reinigung (vgl. M1) im Modehaus Müller werden auch über einen Verteilungsschlüssel verteilt. Lena weiß, dass Frau Sonthaus die Quadratmeter Verkaufsfläche als Verteilungsgrundlage genommen hat. Nehmen Sie die Verteilung der genannten Kosten vor.

Situation
Erarbeitung
Zusatz
Forder

Abteilungen/ Warengruppen	Verkaufsfläche in m²	Energie in €	Heizungskosten in €	Reinigungskosten in €
Damenbekleidung	1600			
Herrenbekleidung	1000			
Kinderbekleidung	800			
Sportbekleidung	600			
gesamt				

7. Lena Sievers erstellt nun den Betriebsabrechnungsbogen.

a) Übernehmen Sie alle Kosten der Modehaus Müller GmbH in den nachstehenden Betriebsabrechnungsbogen.

b) Ermitteln Sie den Wareneinsatz und die Handlungskosten für jede Abteilung.

c) Errechnen Sie für jede Verkaufsabteilung der Modehaus Müller GmbH den Handlungskostenzuschlagsatz (HKZ).

Kostenarten	Kostenstellen				
	gesamt	Damen-bekleidung	Herren-bekleidung	Kinder-bekleidung	Sport-bekleidung
Wareneinsatz					
Personalkosten					
Abschreibungen					
Energie					
Heizungskosten					
Werbekosten					
Reinigungskosten					
Handlungskosten					
HKZ					

8. Herr Müller bittet Lena Sievers nun, im Rahmen der Kostenträgerrechnung den Verkaufspreis für den neuen französischen Damenwintermantel zu bestimmen. Den Handlungskostenzuschlagsatz der Damenabteilung für die Kalkulation entnimmt sie dabei dem eben erstellten Betriebsabrechnungsbogen. Vervollständigen Sie die Verkaufskalkulation.

Verkaufskalkulation		
Bezugspreis		
+ Handlungskosten		
= Selbstkosten		
+ Gewinn	5,00 %	
= Nettoverkaufspreis		
+ Umsatzsteuer	19,00 %	
= Bruttoverkaufspreis		

Situation
Erarbeitung
Zusatz
Forder

11.1 Erfassung der Warenbewegungen

Erarbeitungsaufgaben

1. Vervollständigen Sie folgende Gleichungen:

Erträge > Aufwendungen = ...

Erträge < .... = Verlust

.... > .... = Gewinn

2. Kreuzen Sie an, um welche Kontoart es sich bei den angegebenen Konten handelt.

Konto	Bestandskonto	Erfolgskonto	Aufwandskonto	Ertragskonto
Aufwendungen für Waren				
Bestand an Waren				
Umsatzerlöse für Waren				

3. Setzen Sie folgende Begriffe in den nachstehenden Lückentext ein.

abgerechnet abgezogen Aufwandskonten Aufwendungen Beständen Bestandskonten	Bestandsmeh- rung Bestandsverän- derungen dazugerechnet Differenz	eingekaufte Einzelhandel Erfolgskonten Erträge Ertragskonten gesammelt	Geschäftsjahres Inventur Nettoverkaufs- preisen Schlussbestand Vergleicht	Warenmenge Warenrohgewinn Warenverkäufe wichtige

Auf .... werden alle Geschäftsfälle gesammelt und ...., die das Vermögen und das Kapital des Einzelhändlers betreffen. Auf .... werden alle Geschäftsfälle .... und abgerechnet, die die Aufwendungen und .... des Einzelhändlers betreffen. Dabei werden alle Aufwendungen auf .... und alle Erträge auf .... erfasst. Alle Wareneinkäufe werden auf dem Konto „...................................... für Waren" erfasst. Im .... ist es aber in der Regel so, dass die im Laufe des Geschäftsjahres .... Warenmenge nicht mit der verkauften .... des Geschäftsjahres übereinstimmt. Am Ende eines jeden .... muss daher zusätzlich ausgerechnet werden, wie viel der .... vom Anfangsbestand der Waren abweicht. Die .... zwischen beiden .... nennt man Bestandsveränderungen. Bei der Ermittlung des Wareneinsatzes müssen deshalb auch die .... berücksichtigt werden Wird bei der .... festgestellt, dass eine .... vorliegt, muss der Wert der Bestandsmehrung von den bisherigen Aufwendungen für Waren .... werden. Wird bei der Inventur festgestellt, dass eine Bestandsminderung vorliegt, muss der Wert der Bestandsminderung zu den bisherigen Aufwendungen für Waren .... werden. Alle .... werden auf dem Konto „Umsatzerlöse für Waren" zu .... erfasst. .... er beide Konten miteinander, kann er den ...., eine für den Einzelhändler sehr .... Größe, bestimmen.

Situation
Erarbeitung
Zusatz
Forder

4. Am 01.01. hat das Modehaus Müller zwölf Herrenanzüge der Marke „Galant" vorrätig. Im Laufe des Jahres kauft das Modehaus insgesamt 731 Anzüge dieser Marke ein. Am 31.12. sind genau noch neun Anzüge in der Auslage.

a) Entscheiden Sie, ob Herr Müller am Jahresende eine Bestandsminderung oder eine Bestandsmehrung in der Warengruppe „Herrenanzüge Galant" feststellt.

....

b) Stellen Sie fest, wie viele Anzüge der Marke „Galant" das Modenhaus Müller in dem Jahr verkaufen konnte.

....

c) Berechnen Sie den Wert der Bestandsveränderung in Euro, wenn der Bezugspreis für einen Herrenanzug der Marke „Galant" 91,50 € beträgt.

....

....

....

5. Vergleichen Sie die nachfolgenden Inventurbestände der einzelnen Warengruppen und geben Sie die wertmäßigen Bestandsveränderungen an.

Warengruppe	Inventurbestand am 01.01.	Inventurbestand am 31.12.	Bestands-minderung	Bestands-mehrung
Honig	7.256,00 €	7.936,00 €		
Fahrräder	58.170,00 €	57.296,00 €		
Snowboards	16.844,00 €	16.123,00 €		
Fischstäbchen	4.126,00 €	4.932,00 €		
Sessel	3.722,00 €	3.722,00 €		
Festplatten	11.549,00 €	11.681,00 €		

6. In der Herrenschuhabteilung des Schuhgeschäfts Graziano wurde am 31.12. einen Bestandsmehrung von 2.177,00 € ermittelt. Der Wert der im laufenden Jahr eingekauften Herrenschuhe betrug 22.625,00 €. Ermitteln Sie den Wareneinsatz für die Abteilung Herrenschuhe des Schuhgeschäfts Graziano für das Jahr.

....

....

....

7. Im Schuhgeschäft Graziano werden Kinderstiefel der Marke „Teddy" zu einem Bezugspreis von 35,00 € je Paar bezogen. Im letzten Jahr wurden insgesamt 935 Paar Stiefel von der Naturschuh GmbH in Heidelberg bezogen. Am 01.01. standen noch acht Paar Kinderstiefel „Teddy" im Regal des Schuhgeschäfts. Naomi Grunert führt am 31.12. eine Inventur durch und stellt fest, dass jetzt noch 17 Paar Stiefel dieser Marke im Regal vorhanden sind. Berechnen Sie den Wareneinsatz für die Kinderstiefel „Teddy" für das Jahr.

....

....

....

....

....

....

Situation
Erarbeitung
Zusatz
Forder

8. Erläutern Sie, warum der Einzelhändler seine Waren nicht zum Bezugspreis verkaufen kann.

....

....

....

9. Nennen Sie fünf Beispiele für Handlungskosten in Ihrem Ausbildungsbetrieb.

....

....

10. Vervollständigen Sie das nachstehende Kalkulationsschema.

	Bezugspreis
+	
=	Selbstkosten
+	
=	Nettoverkaufspreis

11. Entscheiden Sie, ob die folgenden Aussagen richtig **R** oder falsch **F** sind.

a) Der Einzelhändler kauft die Waren zu einem höheren Preis ein, als er sie an Kunden weiterverkauft. ☐

b) Aufwendungen vermindern das Eigenkapital. ☐

c) Ein Gewinn entsteht, wenn die Aufwendungen genauso hoch sind wie die Erträge. ☐

d) Ein Verlust entsteht, wenn die Aufwendungen größer sind als die Erträge. ☐

e) Der Einzelhändler erfasst alle Wareneinkäufe zu Nettoverkaufspreisen auf dem Konto „Aufwendungen für Waren“. ☐

f) Der bei der Inventur ermittelte Warenschlussbestand wird in der Bilanz ausgewiesen. ☐

g) Eine Bestandsminderung liegt vor, wenn der Warenanfangsbestand größer als der Warenschlussbestand ist. ☐

h) Wareneinsatz sind Aufwendungen für die Warenmenge, die im Geschäftsjahr tatsächlich verkauft wurde. ☐

i) Umsatzerlöse verringern das Eigenkapital. ☐

j) Je höher der Wareneinsatz des Einzelhändlers, desto höher ist der Warenrohgewinn. ☐

k) Der Warenrohgewinn sollte immer so hoch sein, dass der Einzelhändler alle übrigen Aufwendungen (Miete, Löhne, Strom, ...) davon bezahlen kann. ☐

l) Der Warenrohgewinn entspricht immer dem Reingewinn in der Gewinn- und Verlustrechnung. ☐

12. Der Bezugspreis für einen Herrenanzug der Marke „Galant“ des Modehauses Müller beträgt 91,50 €. Das Modehaus Müller kalkuliert mit 25 % Handlungskosten und 5 % Gewinn.

a) Kalkulieren Sie den Nettoverkaufspreis für einen Herrenanzug.

....

....

....

....

....

550616

b) Im letzten Jahr verkaufte das Modehaus Müller 734 Herrenanzüge der Marke „Galant“. Errechnen Sie für diese Warengruppe die Umsatzerlöse.

....

12. Erläutern Sie den Begriff Warenrohgewinn und beschreiben Sie, wie er ermittelt wird.

....

....

....

....

....

13. Das Schuhgeschäft Graziano verkauft 7 196 Paar Flipflops. Richard Peters ermittelt für diese Warengruppe einen Wareneinsatz von 69.081,60 € und einen Warenrohgewinn von 23.387,00 €.

a) Berechnen Sie die Umsatzerlöse, die beim Verkauf der Flipflops erzielt wurden.

....

....

....

b) Finden Sie heraus, zu welchem Nettoverkaufspreis je Paar die Flipflops verkauft wurden.

....

Zusatzaufgaben

1. Ergänzen Sie die Übersicht mit den folgenden Begriffen.

Aufwands	Erfolgs	Waren
Aufwendungen für Waren	Ertrags	Warenbestand
Bestands	Umsatzerlöse für Waren	

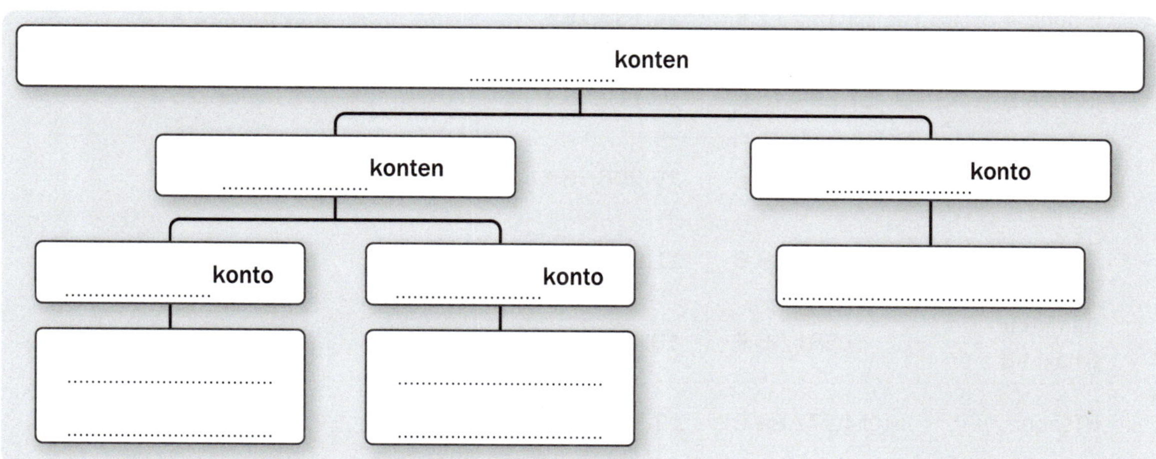

2. Ergänzen Sie die nachfolgenden Merksätze.

Auf Erfolgskonten werden alle .... und .... gesammelt.

Die Aufwendungen werden auf .... erfasst.

Fortsetzung siehe folgende Seite

Situation
Erarbeitung
Zusatz
Forder

Die Erträge werden auf .... erfasst.

Alle Geschäftsfälle, die Vermögen und Kapital betreffen, werden auf .... gesammelt.

3. Erklären Sie die Begriffe Bestandsmehrung und Bestandsminderung.

Bestandsmehrung	Bestandsminderung

4. Erläutern Sie, wie der Einzelhändler am Jahresende die Bestandsveränderungen ermittelt und warum das für ihn wichtig ist.

....

....

....

....

....

5. Erläutern Sie den Begriff Wareneinsatz.

....

6. Berechnen Sie für folgende Warengruppen den Wareneinsatz:

Warengruppe	Inventur-bestand am 01.01.	Inventur-bestand am 31.12.	Bestands-veränderung	Aufwendungen für Waren	Wareneinsatz
iPhone 4	13.166,12 €	14.133,18 €		126.423,04 €	
iPhone 5	17.299,45 €	16.112,88 €		137.566,25 €	
iPhone 6	21.208,65 €	19.206,78 €		164.584,27 €	
Samsung galaxi s4	10.266,08 €	11.854,91 €		88.266,16 €	
Samsung galaxi s3	9.581,55 €	10.463,75 €		66.289,44 €	
HTC one X+	14.177,89 €	12.984,23 €		115.863,67 €	

7. Nennen Sie drei Möglichkeiten zur Senkung des Wareneinsatzes.

....

....

....

8. Vervollständigen Sie nachstehende Übersicht.

	Umsatzerlöse
–	
=	
+	übrige Erträge
–	
=	

9. Erläutern Sie in einem Satz, wie der Warenrohgewinn berechnet wird.

....

....

10. Das Modehaus Müller erzielt beim Verkauf seiner Herrenanzüge der Marke „Galant" im letzten Jahr Umsatzerlöse von 88.153,40 €. Der Wareneinsatz wurde mit 67.161,00 € ermittelt.

a) Berechnen Sie den Warenrohgewinn für die Herrenanzüge Marke „Galant".

....

....

....

b) Berechnen Sie den Warenrohgewinn für einen Anzug, wenn 734 Anzüge verkauft wurden.

....

11. Erläutern Sie den Unterschied zwischen Warenrohgewinn und Reingewinn.

....

....

....

....

11.2 Umsatzsteuer als durchlaufender Posten

Erarbeitungsaufgaben

1. Entscheiden Sie, ob die nachstehenden Formeln richtig **R** oder falsch **F** sind.

a) Bruttoumsatz ☐
+ Umsatzsteuer
= Nettoumsatz

b) Nettoumsatz ☐
+ Umsatzsteuer
= Bruttoumsatz

c) Nettoumsatz ☐
– Umsatzsteuer
= Bruttoumsatz

d) Umsatzsteuer ☐
– Nettoumsatz
= Bruttoumsatz

e) Bruttoumsatz ☐
– Umsatzsteuer
= Nettoumsatz

Situation
Erarbeitung
Zusatz
Forder

2. Setzen Sie folgende Begriffe in den nachstehenden Lückentext ein.

Ausnahmen	Gesamtbetrag	Lieferanten	Verkauf
brutto	gesetzlich	Merkmale	Vorsteuer
Einzelhändler	gezahlte	Mitarbeiter	Wareneingangsrechnungen
Einzelhändlers	größer	selbst	
Endverbraucher	Kleinbetragsrechnungen	Staat	
Finanzamt	Kunden	Umsatzsteuer	
Geld		Umsatzsteuerschuld	

Alle Ein- und Verkäufe eines .... sind mit Umsatzsteuer belastet. Die .... ist eine .... festgelegte Abgabe an den ....

Jeder Einzelhändler muss die Umsatzsteuer, die er von seinem .... über den Verkaufspreis erhält, an das .... zahlen. Der Kunde als .... muss die Umsatzsteuer an den .... bezahlen. Umsatzsteuer, die der Einzelhändler beim Einkauf von Waren oder Leistungen an seine .... zahlen muss, heißt .... Umsatzsteuer, die der Einzelhändler beim .... der Ware von seinem Kunden erhält, heißt Umsatzsteuer. Die .... Vorsteuer kann der Einzelhändler monatlich sofort von seiner .... abziehen. Er muss .... ausrechnen, welchen Betrag er an das Finanzamt bezahlen muss. Da die Vorsteuer für den Einzelhändler sehr viel .... ist, müssen alle .... besonders darauf achten, dass .... die erforderlichen zehn .... ausweisen. .... gibt es lediglich für Rechnungen, deren .... nicht .... als 150,00 € .... ist. Diese Rechnungen heißen ....

3. Sie sind Auszubildender in der Aslan Board & Bike OHG, Elisabeth-Monzel-Straße 125, 99000 Altstadt, und erhalten eine Warenlieferung der Firma Citybike, Schlosspark 35, 42000 Wuppertal. Die abgebildete Warenrechnung dokumentiert die Lieferung.

a) Überprüfen Sie, ob die Eingangsrechnung ordnungsgemäß ist. Listen Sie die Mängel auf.

....

....

....

....

....

b) Ergänzen Sie die Angaben.

550620

Citybike Heinemann e. K. Wuppertal

Citybike Heinemann e. K., 42000 Wuppertal

Sportgeschäft
Aslan Board & Bike OHG
Elisabeth-Monzel-Straße 125

Telefon: 0202 99991212-0
Fax: 0202 99991212-10
E-Mail: info@chw-wutal-wvd.de
Internet: www.chw-wutal-wvd.de

Rechnungsdatum 25.01.20..

Rechnungsnummer 2374/21/09
Kundennummer 1248

Rechnung

Artikel-Nr.	Artikelbezeichnung	Einheit	Anzahl	Preis je Einheit in €	Betrag gesamt in €
CEN22012	Citybike „Galant“	St.	6	655,00	3.930,00
SOE55555	Citybike „Sport“	St.	5	750,00	3.750,00
SOE58007	Mountainbike „Junior“	St.	2	355,00	710,00
CEN12366	Mountainbike „Special“	St.	1	1.095,00	1.095,00
LEI252524	Tandem „Senior“	St.	1	820,00	820,00
EDD123-1	Herren-Bike	St.		410,00	3.280,00
EDD124-9	Kinder-Bike	St.	4	126,00	504,00
	Rechnungsbetrag				
	zzgl. 19 % USt				2.676,91
	Rechnungsbetrag Brutto				**16.765,91**

Zahlungsbedingungen: 2 % Skonto bei Zahlung innerhalb 10 Tagen,
30 Tage netto.

Citybike Heinemann e. K.
42000 Wuppertal

Geschäftsführer:
Rudolf Heinemann, Greta Haase
Registergericht Wuppertal,
HRA 3765/2006
USt-IdNr.: DE238765498

Bankverbindung:
Sparkasse Wuppertal
Konto: 435 078 812 • BLZ 330 500 00
BIC: WUPSDE33
IBAN: DE85 3305 0000 0435 0788 12

4. Überprüfen Sie, ob die nachfolgenden Belege die Voraussetzungen für einen Vorsteuerabzug erfüllen. Berechnen Sie, wenn möglich, die Höhe der abziehbaren Vorsteuer.

Fortsetzung siehe folgende Seite

Situation
Erarbeitung
Zusatz
Forder

a)

Quittung Nr. 1

Netto € ct
+ % USt € ct
Gesamt € 18, ct 00

Gesamtbetrag € in Worten: achtzehn — Cent wie oben

(Im Gesamtbetrag sind 19 % Umsatzsteuer enthalten)

von Sportgeschäft Aslan
für 15 Schreibblöcke

richtig erhalten zu haben, bestätigt
Ort Altstadt Datum 02.02.20..
Buchungsvermerke
Stempel/Unterschrift des Empfängers: Holdmann
Bürofachmarkt Melzer e. K.
Lange Straße 99
99000 Altstadt

b)

Quittung Nr. 2

Netto € ct
+ % USt € ct
Gesamt € 210, ct 00

Gesamtbetrag € in Worten: zweihundertzehn — Cent wie oben

(Im Gesamtbetrag sind 19 % Umsatzsteuer enthalten)

von Modehaus Müller
für 10 Tapetenrollen

richtig erhalten zu haben, bestätigt
Ort Altstadt Datum 15.03.20
Buchungsvermerke
Stempel/Unterschrift des Empfängers:
Baumarkt Holzmann GbR
Gewerbepark Nord
99000 Altstadt
Tel.: 02290 3321 • Fax: 02290 3325

c)

Quittung Nr. 3

Netto € ct
+ % USt € ct
Gesamt € 25, ct 00

Gesamtbetrag € in Worten: fünfundzwanzig — Cent wie oben

(Im Gesamtbetrag sind ___ % Umsatzsteuer enthalten)

von Deli-Laden Frau Fröhlich
für 1 Blumengesteck

richtig erhalten zu haben, bestätigt
Ort Altstadt Datum 11.01.20
Buchungsvermerke
Stempel/Unterschrift des Empfängers:
Blumenhaus Pusteblume
Stadtpark 14 – 99000 Altstadt

d)

Quittung Nr. 4

Netto € ct
+ % USt € ct
Gesamt € 39, ct 95

Gesamtbetrag € in Worten: neununddreißig — Cent wie oben

(Im Gesamtbetrag sind 7 % Umsatzsteuer enthalten)

von Schuhgeschäft Graziano
für 1 Fachbuch „Steuerrecht im Handel"

richtig erhalten zu haben, bestätigt
Ort Altstadt Datum 03.06.20..
Buchungsvermerke
Stempel/Unterschrift des Empfängers:
Buchhandel Siwik GbR
Grüne Allee 15
99000 Altstadt

Situation
Erarbeitung
Zusatz
Forder

5. Das Modehaus Müller liefert von seiner Filiale in Neustadt ein Abendkleid in Größe 36 an die Filiale in Altstadt, weil dort die Größe des Kleides nicht vorrätig ist. Herr Müller berechnet für diese Lieferung keine Umsatzsteuer. Darf Herr Müller die Umsatzsteuer weglassen? Begründen Sie Ihre Antwort.

....

....

....

....

6. Der Welt-Laden verkauft an eine Kundin vier Gläser Honig zum Nettoverkaufspreis von je 3,25 €. Berechnen Sie

a) die Umsatzsteuer je Glas Honig.

....

b) die gesamte Umsatzsteuer, die der Einzelhändler bei diesem Verkaufsvorgang eingenommen hat.

....

c) den Bruttowarenwert dieses Verkaufsvorgangs.

....

d) die Höhe der Umsatzerlöse aus diesem Verkauf.

....

7. Herr Aslan kauft bei einem Lieferanten einen Hometrainer für einen Bezugspreis von 2.400,00 € netto ein. In seinem Sportgeschäft verkauft er diesen Hometrainer zu einem Nettoverkaufspreis von 2.700,00 €. Berechnen Sie den Mehrwert dieser Ware. Nennen Sie den Umsatzsteuerzahlbetrag, den Herr Aslan für diesen Hometrainer an das Finanzamt zahlen muss.

....

....

....

....

8. Schildern Sie, warum Umsatzsteuer erhoben wird und wer die Höhe der Umsatzsteuer festlegt.

....

....

....

9. Erläutern Sie, warum die Umsatzsteuer eine indirekte Steuer ist.

....

....

....

10. Beschreiben Sie, welche Umsatzsteuer der Einzelhändler an das Finanzamt zahlen muss.

....

....

....

....

Situation
Erarbeitung
Zusatz
Forder

11. Ein Einzelhändler hat von den Kunden beim Verkauf seiner Waren Umsatzsteuer in Höhe von 70.325,12 € eingenommen. Beim Einkauf der Waren hat er Umsatzsteuer (Vorsteuer) an die Lieferanten in Höhe von 51.388,17 € bezahlt. Berechnen Sie den Betrag, den der Einzelhändler an das Finanzamt abführen muss (Umsatzsteuerzahllast).

....

....

....

12. Nennen Sie die zwei Voraussetzungen, die erfüllt sein müssen, damit der Einzelhändler die an Lieferanten gezahlte Vorsteuer vom Finanzamt erstattet bekommt.

....

....

13. Entscheiden Sie, ob die folgenden Aussagen richtig **R** oder falsch **F** sind.

a) Bei jedem Umsatz an Kunden muss der Einzelhändler zu seinem Nettoverkaufspreis die gesetzliche Umsatzsteuer dazurechnen. ☐

b) Wird eine Ware in eine andere Filiale des Unternehmens geliefert, fallen immer 19 % Umsatzsteuer an. ☐

c) Die Umsatzsteuer auf Schokolade beträgt 7 %. ☐

d) Die Umsatzsteuer auf Handys beträgt 19 %. ☐

e) Die Umsatzsteuer auf Babywindeln beträgt 7 %. ☐

f) Jeder Einzelhändler kann selbst bestimmen, welchen Umsatzsteuersatz er wählt. ☐

g) Umsatzsteuer, die beim Verkauf von Waren entsteht, heißt Vorsteuer. ☐

h) Umsatzsteuer muss auf jeder Fertigungsstufe an das Finanzamt gezahlt werden. Der Zahlbetrag an das Finanzamt entspricht dabei immer der Umsatzsteuer auf den Mehrwert der Fertigungsstufe. ☐

i) Der Kunde muss die Umsatzsteuer, die auf seinem Beleg ausgewiesen ist, an das Finanzamt überweisen. ☐

j) Jeder Einzelhändler muss selbst ausrechnen, wie viel Umsatzsteuer er monatlich an das Finanzamt zu bezahlen hat. ☐

k) Umsatzsteuer – Vorsteuer = Umsatzsteuerzahlbetrag ☐

l) Damit der Einzelhändler die an Lieferanten gezahlte Vorsteuer abziehen kann, benötigt er eine ordnungsgemäße Rechnung. ☐

m) Eine Rechnung ist ordnungsgemäß, wenn sie mindestens den Namen des Lieferanten, den Namen des Empfängers und den Bruttorechnungsbetrag enthält. Alle anderen Angaben sind freiwillig und nicht so wichtig. ☐

n) Eine Kleinbetragsrechnung liegt vor, wenn der Bruttorechnungsbetrag unter 300,00 € liegt. ☐

Zusatzaufgaben

1. Geben Sie die vier Merkmale an, die ein Geschäftsfall des Einzelhändlers haben muss, damit er der Umsatzsteuer unterliegt.

....

....

....

....

2. Nennen Sie die in Deutschland derzeit gültigen Umsatzsteuersätze. Erläutern Sie, wann diese jeweils anzuwenden sind.

Umsatzsteuersatz		
Anwendung		

3. Das Modehaus Müller verkauft an eine Kundin ein Abendkleid. Der Nettoverkaufspreis beträgt 440,00 €. Berechnen Sie die Umsatzsteuer, die das Modehaus erheben muss, und den Bruttoverkaufspreis für das Kleid.

....

....

....

4. Das Schuhgeschäft Graziano verkauft an eine Kundin ein Paar Damenpumps für 154,70 € brutto. Berechnen Sie das Entgelt und den Umsatzsteuerbetrag für diese Lieferung.

....

....

....

5. Ergänzen Sie in der nachfolgenden Tabelle die fehlenden Angaben.

Artikel	Umsatzsteuersatz	Nettoumsatz (Entgelt)	Umsatzsteuerbetrag	Bruttoumsatz
Jeanshose		110,00 €		
Backmischung				5,35 €
Fernsehgerät			608,00 €	3.808,00 €
Blumenstrauß				23,00 €
5 m Elektrokabel		212,00 €		
Fitnesstrainer				1.130,50 €
Lehrbuch für Verkäufer im Einzelhandel			1,26 €	
Schreibtisch		800,00 €		
Cola				1,50 €
50l Kraftstoff			14,73 €	

6. Erklären Sie den Unterschied zwischen Umsatzsteuer und Vorsteuer.

Umsatzsteuer	Vorsteuer

Situation
Erarbeitung
Zusatz
Forder

7. Vorsteuerabzug

a) Erklären Sie die Bedeutung einer Rechnung für den Vorsteuerabzug.

....

....

....

b) Nennen Sie die zehn Bestandteile einer Eingangsrechnung, die zwingend für einen ordnungsgemäßen Vorsteuerabzug vorgeschrieben sind.

....

....

....

....

....

....

....

....

....

....

8. Errechnen Sie aus folgenden Kleinbetragsrechnungen die Höhe der für den Einzelhändler abziehbaren Vorsteuerbeträge.

Höhe der Kleinbetragsrechnung	angegebener Umsatzsteuersatz	abziehbare Vorsteuer	Entgelt
143,00 €	19 %		
25,00 €	19 %		
116,00 €	7 %		
6,00 €	7 %		
89,00 €	19 %		
150,00 €	19 %		
73,26 €	7 %		

10. Kleinbetragsrechnung

a) Erläutern Sie den Begriff Kleinbetragsrechnung.

....

....

b) Nennen Sie die notwendigen Bestandteile einer Kleinbetragsrechnung.

....

....

....

....

Situation
Erarbeitung
Zusatz
Forder

c) Erklären Sie anhand eines selbstgewählten Beispiels, wie die abziehbare Vorsteuer aus einer Kleinbetragsrechnung herauszurechnen ist.

......

......

......

......

11. Mehrwert

a) Erläutern Sie den Begriff Mehrwert.

......

......

......

b) Erklären Sie, welche Bedeutung der Mehrwert für die Umsatzsteuer hat.

......

......

......

c) Berechnen Sie die Umsatzsteuerzahllast bei einem Mehrwert von 50,00 € und bei Anwendung des Regelsteuersatzes.

......

11.1–11.2 Warenbewegungen/Umsatzsteuer

Forderaufgaben

1. Die Trendino Computer-Shop GmbH kauft 20 hochwertige PC-Monitore der Marke Socer M230 bei der Matro AG ein. Der Bezugspreis beträgt pro Stück 160,00 €. Sie kalkuliert ihre Verkaufspreise mit einem Handlungskostenzuschlagssatz von 25 % und einem Gewinnzuschlagssatz von 5 %. Berechnen Sie den Mehrwert, den die Trendino Computer-Shop GmbH beim Verkauf dieser Monitore geschaffen hat.

......

......

......

......

......

......

......

Situation
Erarbeitung
Zusatz
Forder

2. Der Biobauernhof Hafner baut Getreide an. Er sät die Körner in die Erde, das Saatgut ist aus der Vorjahresernte. Bauer Hafner hat somit keinen Vorlieferanten. Nach der Ernte verkauft er die Getreidekörner an den Müller Heinrich, der noch eine ökologische Windmühle betreibt. Müller Heinrich erhält von Bauer Hafner folgende Rechnung:

Bio-Getreide	2 Tonnen · 300,00 €/Tonne	600,00 €
Nettorechnungspreis		600,00 €
+ 7 % Umsatzsteuer		42,00 €
Bruttorechnungspreis		642,00 €

Der Müller mahlt das Getreide zu Mehl und verkauft es an die Bio-Bäckerei Roslinger. Die Biobäckerei Roslinger erhält vom Müller Heinrich für die Mehllieferung folgende Rechnung:

Mehl Typ 500A (100 % ökologisch)	2 Tonnen · 800,00 €/Tonne	1.600,00 €
Nettorechnungspreis		1.600,00 €
+ 7 % Umsatzsteuer		112,00 €
Bruttorechnungspreis		1.712,00 €

Die Biobäckerei Roslinger backt aus dem Mehl 2000 Brote und liefert die Brote in mehreren Teillieferungen an den Welt-Laden von Jutta Fröhlich. Für die gesamte Lieferung erhält Frau Fröhlich von der Bäckerei Roslinger folgende Lieferrechnung:

Bio-Brot Krusti	2000 Stück · 2,50 €/Stück	5.000,00 €
Nettorechnungspreis		5.000,00 €
+ 7 % Umsatzsteuer		350,00 €
Bruttorechnungspreis		5.350,00 €

Jutta Fröhlich verkauft alle 2000 Brote innerhalb des Jahres an ihre Kunden für 3,21 € Bruttoverkaufspreis pro Brot. Ihre Abrechnung am Jahresende sieht wie folgt aus:

Bio-Brot Krusti	2000 Stück · 3,00 €/Stück	6.000,00 €
Nettoumsatz		6.000,00 €
+ 7 % Umsatzsteuer		420,00 €
Bruttoumsatz		6.420,00 €

Vervollständigen Sie für jede Fertigungsstufe die nachstehende Tabelle und ermitteln Sie den Umsatzsteuerzahlbetrag für jeden Unternehmer.

550628

Fertigungsstufe	**Tätigkeiten, die den Mehrwert schaffen**	**Ausgangsrechnung der abgebenden Fertigungsstufe = Eingangsrechnung der empfangenden Fertigungsstufe**	**Entgelt**	**Umsatzsteuer**	**Vorsteuer**	**Umsatzsteuerzahlbetrag**	**Mehrwert**	**Probe**
Bio Bauernhof Hafner								
Müller Heinrich								
Biobäckerei Roslinger								
Welt-Laden Jutta Fröhlich								
Summen								

Situation
Erarbeitung
Zusatz
Forder

11.3 Beschaffung und Abschreibung von Anlagegütern

Erarbeitungsaufgaben

1. Entscheiden Sie bei den nachfolgenden Gegenständen des Sportgeschäfts Aslan, ob es sich um Anlagegüter handelt:

Gegenstand	Anlagegut	Begründung
Snowboard		
Skiwachs		
Kassentisch		
Fußball		
Paddelboot		
Firmenwagen von Herrn Aslan		
Wandhalterung für Paddelboote		
Sprossenwand		
Glasvitrine für Sonnenbrillen		
Seife im Waschraum		

2. Ergänzen Sie die fehlenden Begriffe.

Kaufpreis des Anlageguts

\+ ……………………………………………………………

– Anschaffungspreisminderungen

= ……………………………………………………………

3. Erläutern Sie den Begriff Abschreibung.

……………………………………………………………

4. Erklären Sie den Begriff Nutzungsdauer und geben Sie an, wer die Nutzungsdauer für ein Anlagegut festlegt.

……………………………………………………………

……………………………………………………………

……………………………………………………………

……………………………………………………………

5. Berechnen Sie für folgende Anlagegüter die jährlichen Abschreibungsbeträge, wenn folgende Daten gegeben sind: Anschaffungskosten und Nutzungsdauer. Nutzen Sie für Ihre Eintragungen die nachstehende Tabelle.

Situation
Erarbeitung
Zusatz
Forder

Anlagegut	Anschaffungskosten	Nutzungsdauer	jährlicher Abschreibungsbetrag
Pkw VW Golf	27.000,00 €	6 Jahre	
Verkaufstheke	8.000,00 €	10 Jahre	
Kühltruhe	16.000,00 €	8 Jahre	
Notebook	1.200,00 €	3 Jahre	
Panzerschrank	34.500,00 €	23 Jahre	
Registrierkasse	3.600,00 €	6 Jahre	
Schreibtisch	2.500,00 €	10 Jahre	

6. Berechnen Sie für die Anlagegüter in der Tabelle die Abschreibungsprozentsätze und ermitteln Sie den jährlichen Abschreibungsbetrag mithilfe der berechneten Abschreibungsprozentsätze. Vergleichen Sie Ihre Ergebnisse mit den Ergebnissen aus Aufgabe 5.

Anlagegut	Anschaffungskosten	Nutzungsdauer	Abschreibungsprozentsatz	jährlicher Abschreibungsbetrag
Pkw VW Golf	27.000,00 €	6 Jahre		
Verkaufstheke	8.000,00 €	10 Jahre		
Kühltruhe	16.000,00 €	8 Jahre		
Notebook	1.200,00 €	3 Jahre		
Panzerschrank	34.500,00 €	23 Jahre		
Registrierkasse	3.600,00 €	6 Jahre		
Schreibtisch	2.500,00 €	10 Jahre		

7. Schildern Sie am Beispiel eines Firmen-Pkw, wodurch sich ein Anlagegut abnutzt und an Wert verliert. Gehen Sie auf alle vier Verschleißarten ein.

8. Erklären Sie, wie der jährliche Abschreibungsbetrag berechnet wird. Zeigen Sie dabei beide Möglichkeiten auf.

9. Setzen Sie folgende Begriffe in den nachstehenden Lückentext ein:

Abnutzung	Buchwert	Handlungskosten	Verschleiß
Abschreibung	Gebrauch	jährlichen	Voraussetzung
Abschreibungsbetrag	Geldbetrag	linearen	voraussichtlich
Anlagegüter	geringeren	mehrere	Wert
Anschaffungskosten	Gewinn	nutzbar	Werteverlust
Aufwendungen	Gewinn- und Verlust-	Nutzungsdauer	Zeit
Auswirkungen	rechnung	verringern	Zeitraum
Berechnung	gleich	verringert	

Die meisten ...., die der Einzelhändler gekauft hat, um sie .... Jahre zu verwenden, nutzen sich durch den ständigen .... ab. Sie verlieren durch die Abnutzung an .... Die Abnutzung eines Gegenstands bezeichnet man auch als .... Den .... der Anlagegüter muss der Einzelhändler als .... ermitteln. Man bezeichnet diesen Geldbetrag als .... Zur .... der Abschreibung ist die .... eines Anlageguts eine wichtige .... Nutzungsdauer ist der ...., in dem ein Anlagegegenstand .... sein wird. Der .... bleibt bei der .... Abschreibung über die gesamte .... der Nutzungsdauer in jedem Jahr .... Um diesen .... Abschreibungsbetrag .... sich die ursprünglichen .... eines Anlagegegenstands. Diesen .... Wert bezeichnet man als .... Die .... der Anlagegüter hat .... auf den .... des Einzelhändlers. Abschreibungen sind .... und werden in die .... gebucht. Durch die Abschreibungen .... sich der jährliche Gewinn. Die Abschreibungen sind Teil der ....

10. Beschreiben Sie, was Sie unter dem Begriff Buchwert verstehen und warum der Buchwert immer in der aktuellen Bilanz des Einzelhändlers steht.

....
....
....
....
....
....

11. Begründen Sie, warum Abschreibungen Auswirkungen auf den Gewinn des Einzelhändlers haben.

....
....
....
....

12. Erläutern Sie den Begriff geringwertige Wirtschaftsgüter und nennen Sie fünf Beispiele aus Ihrem Ausbildungsbetrieb.

geringwertige Wirtschaftsgüter	
Beispiele	

Zusatzaufgaben

1. Setzen Sie folgende Begriffe in den nachstehenden Lückentext ein.

Anlagegüter	Anschaffungspreisminderungen	betriebsbereit	Kaufpreis	Skontoabzüge
Anschaffungskosten	Aufwendungen	Einzelhändler	längeren	Weiterverkauf
Anschaffungsnebenkosten	Ausgaben	Gegenstände	Rechnungsbezahlung	
		Jahre	selbst	
		kaufen		

Anlagegüter sind alle .... des Einzelhändlers, die er nicht zum .... eingekauft hat, sondern .... über einen .... Zeitraum nutzen möchte. .... müssen beim Einkauf auf Bestandskonten mit ihren .... erfasst werden. Sie gehören nicht sofort zu den .... des Geschäftsjahres, denn sie sollen ja über mehrere .... genutzt werden.

Anschaffungskosten sind alle ...., die der .... aufwendet, um den Anlagegegenstand zu .... und ihn .... zu machen. .... muss er vom .... abziehen.

.... bei Anlagegütern sind zum Beispiel Montagekosten beim Kauf von Computerkassensystemen.

Anschaffungspreisminderungen bei Anlagegütern sind zum Beispiel .... bei der ....

2. Nennen Sie jeweils zwei Beispiele für Anschaffungsnebenkosten und Anschaffungspreisminderungen.

Anschaffungsnebenkosten	Anschaffungspreisminderungen

3. Bilden Sie eine Formel zur Berechnung der Anschaffungskosten.

....

....

Situation
Erarbeitung
Zusatz
Forder

4. Das Modehaus Müller erhält neue Computerkassen für die Damenabteilung. Insgesamt werden vier Computerkassen installiert. Die Computerkassen werden von der Trendino Computer-Shop GmbH geliefert, siehe Rechnung. Die Konfiguration der neuen Kassen übernimmt die Firma HTTC Frank Lindemann e. K. und stellt dafür eine gesonderte Rechnung. Beide Rechnungen werden vom Modehaus Müller mit 2 % Skontoabzug bezahlt. Geben Sie an, wie hoch die Anschaffungskosten für eine Computerkasse sind.

Trendino GmbH · Landsberger Allee 134 · 99000 Altstadt

TRENDINO
Computer-Shop GmbH, Altstadt

Modehaus Müller
Hauptstraße 199
99000 Altstadt

Rechnung

Menge	Einheit	Bezeichnung	Einzelpreis (€)	Gesamtpreis (€)
4	Stück	Computerkassen nach seperater Spezifikation	1.800,00	7.200,00
		Rechnungsbetrag netto		7.200,00
		Zuzüglich 19 % Umsatzsteuer		1.368,00
		Rechnungsendbetrag brutto		**8.568,00**

HTTC Frank Lindemann e. K. | Berthold-Brecht-Str. 47 | 99000 Altstadt

Modehaus Müller
Hauptstraße 199
99000 Altstadt

Rechnung

Für die Konfiguration Ihrer Computerkassen in der Abteilung Damenbekleidung stelle ich Ihnen folgende Leistungen in Rechnung:

Bezeichnung	Menge	Einheit	Einzelpreis	Gesamtpreis
Verkabelung und Anschluss	2,0	Std.	35,00 €	70,00 €
Aufspielen der Firmen-Software	4,0	Std.	40,00 €	160,00 €
Einrichtung diverser Arbeitsplätze	6,0	Std.	40,00 €	240,00 €
Probebetrieb	0,5	Std.	40,00 €	20,00 €
	Nettorechnungsbetrag			490,00 €
	Umsatzsteuer 19 %			93,10 €
	Rechnungsbetrag			**583,10 €**

....

....

....

....

....

....

5. Nennen Sie jeweils ein Beispiel für ein abnutzbares und ein nicht abnutzbares Anlagegut.

abnutzbares Anlagegut	nicht abnutzbares Anlagegut

6. Erläutern Sie die folgenden Begriffe.

Verschleiß: ....

Abschreibung: ....

Nutzungsdauer: ....

7. Der Welt-Laden von Jutta Fröhlich möchte seine Produkte ganzjährig vor dem Geschäftsgebäude anbieten. Dazu kauft Frau Fröhlich am 02.01. ein Großzelt, das sie je nach Bedarf mit Regalen und einem Verkaufstisch ausstatten kann. Sie lässt es von einem ortsansässigen Hausmeisterbetrieb fest installieren. Das Zelt hat laut amtlicher AfA-Tabelle eine Nutzungsdauer von acht Jahren. Jutta Fröhlich erhält zwei Rechnungen. Bei Bezahlung zieht Jutta Fröhlich bei der Rechnung an die Firma Grunemann 3 % Skonto ab, die Rechnung an den Hausmeisterbetrieb Hafner bezahlt sie ohne Abzug.

Lieferung von 1 Stück	Großzelt „Flexi-Fortuna“	5.200,00 €
Nettorechnungsbetrag Umsatzsteuer 19 %		5.200,00 € 988,00 €
Bruttorechnungsbetrag		6.188,00 €

Der Hausmeisterservicebetrieb Hafner schickt Frau Fröhlich folgende Rechnung:

Wir berechnen Aufstellung und Befestigung einer Zeltanlage, pauschal	900,00 €
Nettorechnungsbetrag Umsatzsteuer 19 %	900,00 € 171,00 €
Bruttorechnungsbetrag	1.071,00 €

a) Berechnen Sie die Anschaffungskosten für das Großzelt.

....

....

....

....

....

....

b) Berechnen Sie den jährlichen Abschreibungsbetrag für das Großzelt.

....

....

....

Situation
Erarbeitung
Zusatz
Forder

8. Erläutern Sie, warum der Einzelhändler beim Kauf von geringwertigen Wirtschaftsgütern die Höhe seines Gewinns direkt beeinflussen kann.

....

....

....

....

....

....

9. Entscheiden Sie, ob die folgenden Aussagen richtig **R** oder falsch **F** sind.

a) Anlagegüter teilt man in abnutzbare und nichtabnutzbare Anlagegüter ein. ☐

b) Der Geldtresor eines Supermarkts ist ein nichtabnutzbares Anlagegut. ☐

c) Anlagegüter verlieren durch ihre Abnutzung an Wert. ☐

d) Der Buchwert eines Anlagegenstands ist immer genauso hoch wie die Anschaffungskosten. ☐

e) Die Nutzungsdauer gibt den Zeitraum an, den ein Anlagegut im Unternehmen des Einzelhändlers mindestens genutzt werden kann. ☐

f) Die Abschreibung ist der Geldbetrag, den ein Einzelhändler in seiner Gewinn- und Verlustrechnung als Aufwand für den Werteverlust seiner Anlagegüter erfassen muss. ☐

g) Man berechnet die Abschreibung, indem man die Nutzungsdauer des Anlagegegenstands durch seine Anschaffungskosten dividiert. ☐

h) Der jährliche Abschreibungsbetrag eines Anlagegegenstands ist bei der linearen Abschreibung jedes Jahr unterschiedlich hoch. ☐

i) Wenn ein Anlagegenstand länger als die geschätzte Nutzungsdauer verwendet wird, bleibt als Buchwert in der Bilanz 1,00 € als Erinnerungswert stehen. ☐

j) Abschreibungen erhöhen den Gewinn des Einzelhändlers. ☐

k) Alle Anlagegüter, bei denen die Anschaffungskosten nicht höher sind als 1.000,00 € und die selbstständig nutzbar sind, heißen geringwertige Wirtschaftsgüter. ☐

l) Die Anschaffungskosten eines Druckers für den Computer im Büro des Einzelhändlers betragen nur 250,00 €. Er kann nur zum Drucken verwendet werden, deshalb ist er ein geringwertiges Wirtschaftsgut. ☐

Forderaufgaben

1. Sie sind Auszubildender im Welt-Laden von Jutta Fröhlich. Frau Fröhlich hat für ihre Buchhaltung einen neuen Computer angeschafft. Der Kaufpreis des Computers betrug laut Rechnung der Trendino Computer-Shop GmbH 1.200,00 € (netto). Vom Rechnungsbetrag behielt Frau Fröhlich sich bei Bezahlung 36,00 € (netto) als Skontoabzug ein. Für die Anlieferung des Computers berechnete die Trendino Computer-Shop GmbH 25,00 € (netto) Transportkosten, die Jutta Fröhlich sofort bei Anlieferung bar bezahlte.

Ermitteln Sie die Anschaffungskosten für den Computer.

....

....

....

....

2. Entscheiden Sie, ob die folgenden Aussagen richtig **R** oder falsch **F** sind.

a) Anlagegüter nutzt der Einzelhändler mindestens ein Jahr oder länger für sein eigenes Unternehmen. ☐

b) Der Einzelhändler verkauft Anlagegüter wie seine übrigen Waren möglichst schnell an seine Kunden weiter. ☐

c) Alle Anlagegüter, bei denen die Anschaffungskosten mehr als 1.000,00 € netto betragen, muss der Einzelhändler auf der Aktivseite der Bilanz ausweisen. Dazu nutzt er Bestandskonten. ☐

d) Die Anschaffungskosten der Anlagegüter entsprechen immer dem Kaufpreis des jeweiligen Gegenstands. ☐

e) Die Umsatzsteuer, die der Einzelhändler an seinen Lieferanten bezahlt, muss er bei der Ermittlung der Anschaffungskosten für einen Anlagegegenstand mit berücksichtigen. ☐

f) Kauft der Einzelhändler sich einen Firmenwagen, gehören die Zulassungsgebühren der Kfz-Zulassungsstelle zu den Anschaffungskosten für dieses Fahrzeug. ☐

g) Wenn der Einzelhändler zum Kauf eines Anlagegegenstands einen Kredit aufnehmen muss, gehören die Zinsen, die er für diesen Kredit bezahlt, nicht zu den Anschaffungskosten. ☐

h) Die Kühltruhe, die im Elektrofachgeschäft an Kunden verkauft wird, ist ein Anlagegut des Elektroeinzelhändlers. ☐

i) Die Kühltruhe, die im Lebensmittelgeschäft zur Kühlung von Fertiggerichten genutzt wird, ist ein Anlagegut für das Lebensmittelgeschäft. ☐

3. Ein Einzelhändler für Uhren und Schmuck schafft sich zur Sortimentsauslage eine Glasvitrine an: Anschaffungsdatum 02.01.2015, Anschaffungskosten 10.800,00 €, Nutzungsdauer 9 Jahre

a) Berechnen Sie die Abschreibungen und stellen Sie die jährlichen Buchwerte in der Tabelle dar.

jährlicher Abschreibungsbetrag: ....

	Abschreibungsbetrag in €	**Buchwert zum 31.12. des Jahres in €**
Anschaffungskosten		
2015		
2016		
2017		
2018		
2019		
2020		
2021		
2022		
2023		

b) Errechnen Sie, wie hoch der Abschreibungsbetrag und der Buchwert für die Glasvitrine im letzten Jahr der regulären Nutzungsdauer (2023) wären, wenn der Einzelhändler die Glasvitrine auch noch im Jahr 2024 nutzen wird. Begründen Sie Ihre Antwort.

....

....

....

Situation
Erarbeitung
Zusatz
Forder

4. Begründen Sie, warum der Monitor einer Computeranlage allein kein geringwertiges Wirtschaftsgut ist, auch wenn er nur 300,00 € kosten würde.

....

....

5. Erklären Sie an einem Beispiel, warum es möglich ist, die Abschreibungen wieder für den Kauf eines neuen Anlagegegenstands zu verwenden.

....

....

....

....

....

....

....

....

....

....

....

11.4 Aufgaben des betrieblichen Rechnungswesens

Erarbeitungsaufgaben

1. Nennen Sie die vier Teilbereiche des betrieblichen Rechnungswesens.

....

2. Zeigen Sie auf, welche Informationen der Einzelhändler aus der Finanzbuchhaltung erhält und welche zusätzlichen Informationen er außerdem benötigt.

....

....

....

....

....

....

....

3. Entscheiden Sie, ob die folgenden Aussagen richtig **R** oder falsch **F** sind.

a) Die Finanzbuchhaltung gehört zum internen Rechnungswesen. ☐

b) Die Finanzbuchhaltung erfüllt in erster Linie gesetzliche Pflichten. ☐

c) Die Kosten- und Leistungsrechnung liefert dem Einzelhändler Informationen zur der Planung, Abrechnung, Steuerung und Kontrolle des betrieblichen Leistungsprozesses. ☐

d) Grundbegriffe der Kosten- und Leistungsrechnung sind Aufwendungen und Erträge. ☐

e) Die Kosten eines Einzelhändlers bestehen immer nur aus den Handlungskosten. ☐

f) Wenn der Einzelhändler seine Kosten und seine Leistungen gegenüberstellt, kann er sein Betriebsergebnis ermitteln. ☐

4. Unterscheiden Sie zwischen Aufwendungen der Finanzbuchhaltung und Kosten in der Kosten- und Leistungsrechnung.

Aufwendungen (Finanzbuchhaltung)	Kosten (Kosten- und Leistungsrechnung)

5. Unterscheiden Sie zwischen Erträgen der Finanzbuchhaltung und Leistungen in der Kosten- und Leistungsrechnung.

Erträge (Finanzbuchhaltung)	Leistungen (Kosten- und Leistungsrechnung)

6. Vervollständigen Sie folgende Formel.

....

....

= Betriebsgewinn oder Betriebsverlust

7. Nennen Sie Beispiele für Kosten in Ihrem Ausbildungsbetrieb und geben Sie an, welche Kosten im Einzelhandel am größten sind.

....

....

Zusatzaufgaben

1. Begründen Sie, warum die Finanzbuchhaltung das externe Rechnungswesen umfasst und die anderen drei Teilbereiche zum internen Rechnungswesen gehören.

....

....

....

....

....

....

....

....

Situation
Erarbeitung
Zusatz
Forder

2. Erläutern Sie die folgenden Begriffe.

Kosten: ....

Leistungen: ....

3. Unterscheiden Sie zwischen Reingewinn und Betriebsergebnis.

Reingewinn	Betriebsergebnis

11.5 Kosten- und Leistungsrechnung

Erarbeitungsaufgaben

1. Entscheiden Sie, ob nachfolgende Kosten eines Einzelhändlers Einzel- oder Gemeinkosten sind:

Kostenart	Einzelkosten	Gemeinkosten
Miete		
Energiekosten		
Personalkosten		
Aufwendungen für Waren		
Kosten für Büromaterial		
Zinsen für Fremdkapital		
Bestandsminderungen		

2. Gemeinkosten muss der Einzelhändler auf Kostenstellen verteilen. Dabei unterscheidet er Kostenstelleneinzelkosten und Kostenstellengemeinkosten. Erklären Sie den Unterschied und nennen Sie je zwei Beispiele.

....

....

....

....

....

....

3. Für die Zuordnung der Kostenstellengemeinkosten auf die Kostenstellen wendet der Einzelhändler die Verteilungsrechnung an.

a) Erklären Sie das Grundprinzip der Verteilungsrechnung.

....

....

....

....

....

Situation
Erarbeitung
Zusatz
Forder

b) Nennen Sie drei Beispiele für mögliche Verteilungsschlüssel, die der Einzelhändler wählen könnte.

....

....

4. Das Modehaus Müller möchte die entstandenen Heizkosten auf die Geschäftsbereiche Damen-, Herren- und Kinderbekleidung verteilen. Als Verteilungsgrundlage wählt Herr Müller die Kubikmeter Rauminhalt der Abteilungen. Im Erdgeschoss befindet sich die Damenabteilung, sie umfasst 600 m³. Die Herrenabteilung im ersten Obergeschoss beansprucht 350 m³ Raumgröße und die Kinderabteilung 250 m³. Die Heizkosten betrugen im Monat Januar insgesamt 6.600,00 €.

Verteilen Sie die Heizkosten des Monats Januar mithilfe der Verteilungsrechnung auf die drei Verkaufsbereiche. Nutzen Sie die nachstehende Übersicht.

....

Kostenstelle	Anteile	Kosten
Damenabteilung		
Herrenabteilung		
Kinderabteilung		
Gesamt		

5. Entscheiden Sie, ob die folgenden Aussagen richtig **R** oder falsch **F** sind.

a) Die Kosten- und Leistungsrechnung besteht aus Kostenarten-, Kostenstellen- und Kostenträgerrechnung. ☐

b) Die Kostenartenrechnung muss feststellen, wo die Kosten im Einzelhandelsunternehmen angefallen sind. ☐

c) Die Kostenartenrechnung gliedert die Kosten in Einzel- und Gemeinkosten. ☐

d) Der Wareneinsatz gehört zu den Gemeinkosten. ☐

e) Handlungskosten sind die Gemeinkosten des Einzelhandels. ☐

f) Einzelkosten werden mithilfe der Verteilungsrechnung auf die Kostenstellen des Einzelhandelsunternehmens verteilt. ☐

g) Die Kalkulation der Verkaufspreise ist eine Aufgabe der Kostenträgerrechnung. ☐

Zusatzaufgaben

1. Nennen Sie vier Aufgaben der Kosten- und Leistungsrechnung im Einzelhandel.

....

....

....

....

2. Die Kosten- und Leistungsrechnung muss für den Einzelhändler drei Fragen beantworten. Nennen Sie jeweils den Teilbereich der Kosten-und Leistungsrechnung, der diese Frage beantwortet.

Welche Kosten sind angefallen?	Wo sind die Kosten angefallen?	Wer muss die Kosten tragen?

Situation
Erarbeitung
Zusatz
Forder

3. Erläutern Sie die Aufgaben der Kostenartenrechnung.

....

4. Erklären Sie den Unterschied zwischen Einzel- und Gemeinkosten.

Einzelkosten	Gemeinkosten

Forderaufgaben

1. Ein Kaufhaus mit Tradition in Hamburg ist auf hochwertige Artikel wie Parfüm, Kleidung und Feinkost spezialisiert. Die Geschäftsleitung möchte folgende Kostenarten des Monats Januar auf die fünf Kostenstellen des Handelsgeschäfts verteilen:

Miete	380.000,00 €	Verteilungsgrundlage m² Verkaufsfläche
Betriebshaftpflichtversicherung	54.000,00 €	Verteilungsgrundlage Anzahl der Mitarbeiter
Zinsen für Fremdkapital	160.000,00 €	Verteilungsgrundlage Vermögenswerte

Für die Verteilungsrechnung ist die folgende Tabelle gegeben:

Kostenstelle	m² Verkaufsfläche	Anzahl Mitarbeiter (MA)	Vermögenswerte (VW)
Parfümerie	3000	8	20.000,00 €
Damenbekleidung	6000	12	50.000,00 €
Herrenbekleidung	5000	10	40.000,00 €
Accessoires	2000	2	20.000,00 €
Feinkost	3000	4	30.000,00 €
Summe	19000	36	160.000,00 €

Nehmen Sie die Kostenverteilung auf die fünf Kostenstellen des Unternehmens für alle drei Kostenarten vor. Tragen Sie Ihre Ergebnisse in nachstehende Tabelle ein.

Kostenstelle / Kostenart	Parfümerie	Damenbekleidung	Herrenbekleidung	Accessoires	Feinkost	Gesamt
Miete						
Betriebshaftpflichtversicherung						
Zinsen für Fremdkapital						
Gesamt						

Nebenrechnung:

....

....

....

2. Jutta Fröhlich hat für die Warengruppe Bio-Gemüse die nachfolgend dargestellten Kosten ermittelt.

Wareneinsatz	21.000,00 €
Miete	1.500,00 €
Personalkosten	8.000,00 €
Abschreibungen	2.500,00 €
Reinigungskosten	1.000,00 €
Zinsen	400,00 €

a) Berechnen Sie für diese Warengruppe die Höhe der Einzelkosten.

b) Berechnen Sie für diese Warengruppe die Höhe der Gemeinkosten (Handlungskosten).

c) Berechnen Sie für diese Warengruppe die Höhe der Selbstkosten.

d) Berechnen Sie für diese Warengruppe den Handlungskostenzuschlagsatz.

Situation
Erarbeitung
Zusatz
Forder

11.6 Deckungsbeitragsrechnung

Erarbeitungsaufgaben

1. Entscheiden Sie, ob nachfolgende Kosten eines Einzelhändlers variable oder fixe Kosten sind.

Kostenart	variable Kosten	fixe Kosten
Miete		
Umsatzprämie		
Ausbildungsvergütung		
Energiekosten		
Aufwendungen für Waren		
Abschreibungen		
Zinsen für Fremdkapital		
Kosten für Verpackung		

2. Ein Lebensmitteldiscounter verkauft unter anderem Schokolade. Der durchschnittliche Bezugspreis für eine Tafel Schokolade beträgt 0,50 €. Die fixen Kosten für den Warenbereich Schokolade hat der Einzelhändler mit 500,00 € monatlich ermittelt.

a) Berechnen Sie für die gegebenen Absatzmengen die variablen und fixen Kosten sowie die Gesamtkosten pro Tafel Schokolade und pro Monat.

Monat	Absatzmenge in Stück	variable Kosten in €		fixe Kosten in €		Gesamtkosten in €	
		pro Tafel	pro Monat	pro Tafel	pro Monat	pro Tafel	pro Monat
Januar	900						
Februar	750						
März	1200						
April	1000						
Mai	800						
Juni	850						

b) Stellen Sie die Gesamtkosten pro Tafel und die Gesamtkosten pro Monat in Abhängigkeit von der Absatzmenge grafisch dar. Nutzen Sie die folgenden Diagramme.

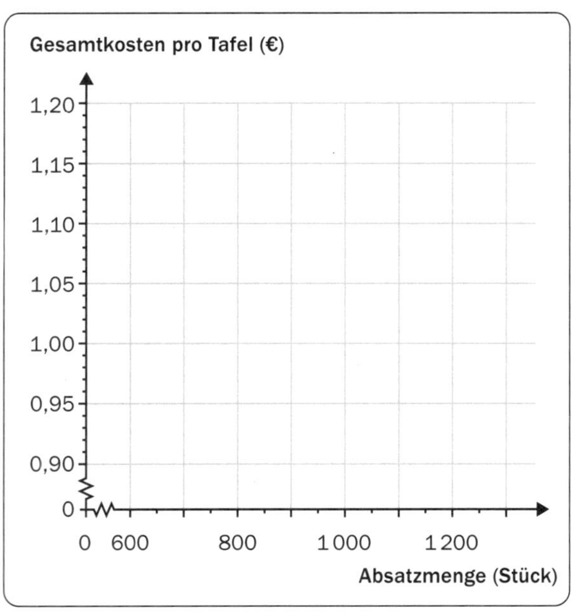

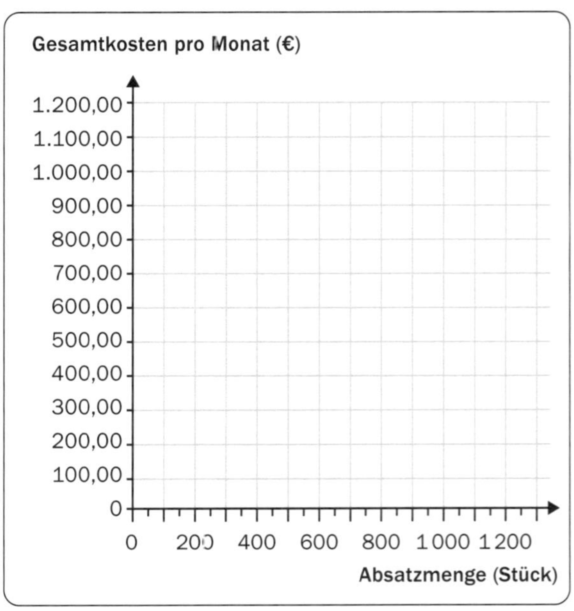

Situation
Erarbeitung
Zusatz
Forder

3. Erläutern Sie, was Sie unter dem Begriff Deckungsbeitrag verstehen.

....

....

4. Vervollständigen Sie die nachstehenden Übersichten.

	Deckungsbeitrag gesamt:
	Umsatzerlöse netto
–	
–	
=	Deckungsbeitrag

	Deckungsbeitrag je Stück:
	Nettoverkaufspreis
–	
–	variable Handlungskosten
=	

5. Geben Sie drei Beispiele an, wozu der Einzelhändler die Deckungsbeitragsrechnung anwendet.

....

....

....

6. Berechnen Sie für die nachstehenden Waren aus dem Sortiment des Schuhgeschäfts Graziano die Stückdeckungsbeiträge.

Artikel	Nettoverkaufs-preis	Bezugspreis	variable Hand-lungskosten	Stückdeckungsbeitrag
Herrenschuhe „Rubi“	189,00 €	152,00 €	0,00 €	
Herrenstiefel „Break 99“	274,00 €	193,00 €	3,00 €	
Damenschuhe „Galant“	231,00 €	166,00 €	4,00 €	
Damenschuhe „Sport“	89,00 €	63,00 €	0,00 €	
Damenschuhe „Extra“	124,00 €	79,00 €	0,00 €	
Damenschuhe „Sindy“	99,00 €	84,00 €	0,00 €	
Kinderschuhe „Micki II“	56,00 €	21,00 €	2,00 €	

7. Der Welt-Laden von Jutta Fröhlich erzielt im Januar Umsatzerlöse von 172.000,00 €. Den Wareneinsatz dafür hat Frau Fröhlich mit 153.000,00 € ermittelt. Variable Handlungskosten für Verpackung und Auslieferung sind in Höhe von 2.700,00 € angefallen. Berechnen Sie,

a) welchen Deckungsbeitrag der Welt-Laden im Monat Januar erzielt hat.

....

....

....

....

Situation
Erarbeitung
Zusatz
Forder

b) ob der Welt-Laden im Monat Januar einen Gewinn erzielen kann, wenn die fixen Kosten des Monats 17.000,00 € betragen.

....

....

....

8. Vervollständigen Sie das Schema der Deckungsbeitragsrechnung zur Ermittlung des Betriebsgewinns für eine Periode.

....

– Wareneinsatz

– variable Handlungskosten

= ....

– ....

= Betriebsergebnis

9. Vom Modehaus Müller sind im Monat Januar folgende Daten gegeben:

Abteilung	Umsatzerlöse Januar	Wareneinsatz Januar	variable Handlungskosten Januar
Damenbekleidung	460.000,00 €	365.000,00 €	17.000,00 €
Herrenbekleidung	290.000,00 €	212.000,00 €	15.000,00 €
Kinderbekleidung	324.000,00 €	201.000,00 €	21.000,00 €
Sportbekleidung	82.000,00 €	41.000,00 €	2.500,00 €

Folgende fixe Kosten sind für das gesamte Modehaus angefallen:

Abschreibungen	36.000,00 €
Miete	85.000,00 €
Energie	16.000,00 €
Personalkosten	126.000,00 €
sonstige fixe Kosten	6.500,00 €

a) Berechnen Sie den Deckungsbeitrag jeder Abteilung im Monat Januar.

Abteilung Deckungsbeitragsrechnung	Damenbekleidung	Herrenbekleidung	Kinderbekleidung	Sportbekleidung

b) Berechnen Sie, wie hoch die gesamten fixen Kosten des Modehauses Müller im Januar sind.

....

c) Ermitteln Sie das Betriebsergebnis für den Monat Januar mithilfe der Deckungsbeitragsrechnung.

10. Jutta Fröhlich hat eine neue Schokoladensorte aus Brasilien in ihr Sortiment aufgenommen. Sie hat den Nettoverkaufspreis wie folgt kalkuliert:

Bezugspreis pro Tafel		1,89 €
+ Handlungskosten	62 %	1,17 €
= Selbstkosten		3,06 €
+ Gewinn	8 %	0,24 €
= Nettoverkaufspreis		3,30 €

Stellen Sie fest, wie weit Frau Fröhlich den Preis für diese Schokolade reduzieren kann, sollte sich die Schokolade nicht zum kalkulierten Nettoverkaufspreis absetzen lassen. Begründen Sie Ihre Antwort.

11. Erläutern Sie, wann ein Einzelhändler beim Absatz seiner Produkte die Gewinnschwelle erreicht.

12. Herr Magnus, Bereichsleiter in der Herrenschuhabteilung des Schuhgeschäfts Graziano, möchte wissen, wie viele Paar Herrenschuhe er im Januar verkaufen muss, damit er die Gewinnschwelle erreicht. Der Nettoverkaufspreis für ein Paar Schuhe beträgt durchschnittlich 120,00 €. Die variablen Kosten (Bezugskosten) belaufen sich auf durchschnittlich 90,00 €, variable Handlungskosten fallen nicht an. Die Herrenschuhabteilung verursacht monatlich 3.000,00 € fixe Kosten.

Berechnen Sie, wie viele Paar Herrenschuhe Herr Magnus im Monat verkaufen muss, damit er die Gewinnschwelle erreicht (kritische Absatzmenge). Führen Sie die Probe durch.

13. Setzen Sie folgende Begriffe in den nachstehenden Lückentext ein:

abhängig/Absatzmenge/Abschreibungen/absetzen/Abzug/Artikel/Ausbildungsvergütungen/Beitrag/Berechnung/Beschäftigung/decken/Deckung/Deckungsbeitrag/Deckungsbeiträge/Deckungsbeitragsrechnung/erzielte/fixe/fixen/Gehälter/Gewinn/Gewinnschwelle/größer/höher/Kosten/kritische/Menge/Miete/nicht/Preisuntergrenzen/sortimentspolitische/Umsatzerlösen/unterscheidet/Unterscheidung/variablen/veränderliche/vergleicht/Verkauf/Waren/Wareneinsatz/wichtig/Zinsen

Im Einzelhandel .... man auch fixe und variable .... Kosten sind unabhängig von der .... Sie ändern sich ...., wenn sich die .... ändert. Beispiele sind ...., ..., ..., ... oder .... Variable Kosten sind .... Kosten. Sie sind .... von der Beschäftigung und verändern sich, wenn die Absatzmenge sich ändert. Je .... die Absatzmenge, desto höher auch die .... Kosten. Zu den variablen Kosten zählt der .... im Einzelhandel. Die .... der Kosten in fixe und variable Kosten ist .... für den Einzelhändler. Er kann damit die .... durchführen, den Betriebsgewinn ermitteln, ... bestimmen, die .... berechnen und .... Entscheidungen treffen. .... ist der Betrag im Einzelhandelsbetrieb, der nach .... aller variablen Kosten von den .... übrig bleibt zur Deckung der .... Kosten. Ist der .... Deckungsbeitrag .... als die fixen Kosten, wird ein .... erzielt. .... der Einzelhändler die .... der einzelnen Artikel, kann er feststellen, welcher .... einen besonders hohen .... zur .... der fixen Kosten liefert. Bei der .... der Gewinnschwelle ermittelt der Einzelhändler, wie viele .... er .... muss, um über den .... alle seine Kosten zu .... Diese Absatzmenge heißt auch ....

Forderaufgaben

1. Ein Möbelhaus verkauft hochwertige Fernsehsessel und liefert sie dem Kunden an. Der Nettoverkaufspreis beträgt 1.485,00 €. Die Sessel werden direkt vom Herstellungsbetrieb bezogen, die Bezugskalkulation hat für jeden Sessel einen Bezugspreis von 1.216,00 € ermittelt. Die Kosten für die Kundenanlieferung betragen je Sessel durchschnittlich 19,00 €. Beim Verkauf der Sessel entstehen monatlich außerdem folgende Kosten:

Miete	1.500,00 €
Abschreibungen	500,00 €
Personalkosten	3.000,00 €
Energiekosten	800,00 €
sonstige Kosten	200,00 €

a) Berechnen Sie, wie viele Sessel monatlich verkauft werden müssen, damit alle Kosten gedeckt werden, die im Zusammenhang mit dem Sesselverkauf anfallen.

....

....

....

....

....

....

b) Ermitteln Sie nun die Gewinnschwelle grafisch mithilfe eines Diagramms und vergleichen Sie Ihre Ergebnisse.

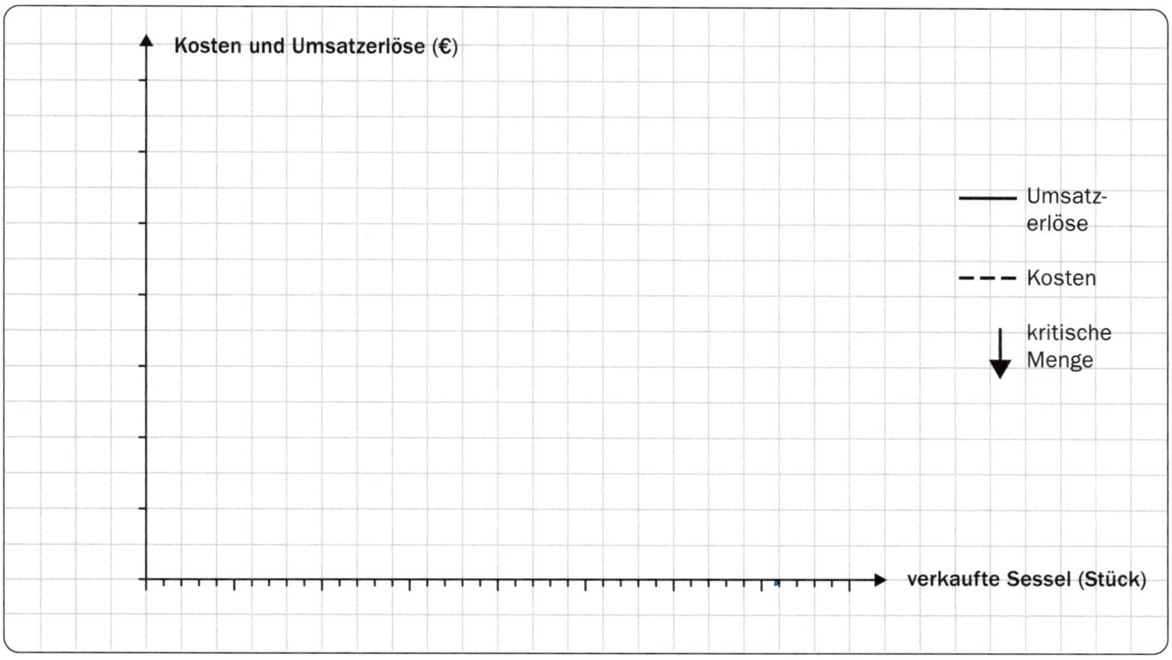

c) Das Möbelhaus kann im Januar 28 Stück dieser Sessel verkaufen. Prüfen Sie, ob dabei ein Gewinn erzielt wird und wenn ja, wie hoch dieser Gewinn ist.

....

....

....

....

....

....

....

....

....

....

d) Der Absatz der Sessel ist im Sommer stark rückläufig. Die Verkaufsfläche muss geräumt werden. Der Einzelhändler möchte für eine kurze Zeit den Preis senken, um den Absatz anzukurbeln. Ermitteln Sie den Preis, den der Einzelhändler für einen Sessel verlangen muss, wenn er kurzzeitig auf den Ersatz der monatlichen fixen Kosten verzichtet.

....

Situation
Erarbeitung
Zusatz
Forder

2. Jutta Fröhlich bietet in ihrem Sortiment sechs Sorten brasilianischen Kaffee an. In der folgenden Tabelle sind die Stückdeckungsbeiträge für ein Paket (250 g) Kaffee sowie die Absatzmengen und Umsatzerlöse im Monat Dezember dargestellt.

Kaffeesorte	Deckungsbeitrag in €/Packung	Absatzmenge (Dezember) in Packungen	Umsatzerlöse (Dezember) in €	Deckungsbeitrag (Dezember) in €
Amazonas mild	2,00	125	556,25	
Amazonas herb	1,75	112	504,00	
Rio mild	2,01	120	624,00	
Rio herb	1,98	99	495,00	
Brasilia Natural	1,56	85	459,00	
Brasilia Green	0,22	136	693,60	

a) Stellen Sie fest, welche Kaffeesorte Frau Fröhlich besonders durch Werbemaßnahmen fördern sollte, um möglichst viel davon abzusetzen. Begründen Sie Ihre Antwort.

....

....

....

b) Bestimmen Sie die Rangfolge für die sortimentspolitische Förderung dieser sechs Kaffeesorten.

....

....

c) Berechnen Sie, wie viel Kilogramm Kaffee Frau Fröhlich mit diesen sechs Sorten im Dezember abgesetzt hat.

....

d) Berechnen Sie in der oben stehenden Tabelle die Deckungsbeiträge der einzelnen Kaffeesorten im Monat Dezember und geben Sie den gesamten Deckungsbeitrag des Monats Dezember für den Verkauf der Kaffeesorten an.

....

....

e) Im Zusammenhang mit dem Verkauf des brasilianischen Kaffees entstehen Jutta Fröhlich monatlich fixe Kosten in Höhe von 850,00 €. Prüfen Sie, ob Frau Fröhlich im Dezember beim Verkauf der sechs brasilianischen Kaffeesorten einen Gewinn erzielen kann. Wenn ja, berechnen Sie die Höhe des Gewinns.

....

....

....

....

f) Berechnen Sie in der unter g) stehenden Tabelle, zu welchem Nettoverkaufspreis je Paket Jutta Fröhlich die einzelnen Kaffeesorten verkauft hat.

g) Berechnen Sie in der folgenden Tabelle die Bezugspreise der einzelnen Kaffeesorten je Packung und je kg Kaffee.

550650

Kaffeesorte	Nettoverkaufspreis in €/Packung	Bezugspreis in €/Packung	Bezugspreis in €/kg
Amazonas mild			
Amazonas herb			
Rio mild			
Rio herb			
Brasilia Natura			
Brasilia Green			

h) Für die Sorte Brasilia Green erhöht der Lieferant aufgrund von strengen Umweltvorschriften den Bezugspreis je kg Kaffee ab dem kommenden Monat Januar um 5 %. Berechnen Sie, wie sich diese Preiserhöhung auf den Deckungsbeitrag der Sorte Brasilia Green auswirkt.

....

....

....

....

i) Beschreiben Sie, welche möglichen Entscheidungen Frau Fröhlich für die Kaffeesorte Brasilia Green nach dieser Preiserhöhung des Lieferanten, bezogen auf ihr Absatzprogramm, treffen müsste.

....

....

....

....

j) Frau Fröhlich überlegt: Laut Umsatzstatistik verkauft sich die Sorte Brasilia Green aufgrund des guten Geschmacks mengenmäßig am besten. Überprüfen Sie, ob eine Anhebung des Nettoverkaufspreises um 1 % ausreicht, um auch bei dieser Sorte wieder einen positiven Stückdeckungsbeitrag zu erzielen. Begründen Sie Ihre Antwort rechnerisch.

....

....

....

k) Der Bezugspreis der Sorte Amazonas mild ist am günstigsten. Berechnen Sie, wie viele Packungen Kaffee der Sorte Amazonas mild Frau Fröhlich im Monat absetzen müsste, um die Gewinnschwelle zu erreichen, wenn sie die anderen fünf Sorten aus dem Sortiment herausnimmt und nur noch diese eine Kaffeesorte verkauft.

....

l) Berechnen Sie den Umsatz, den Frau Fröhlich bei dieser Absatzmenge der Sorte Amazonas mild erzielen würde.

....

11.7 Nutzen von Kennzahlen zur Bewertung des Unternehmenserfolgs

Erarbeitungsaufgaben

1. Nennen Sie drei Rentabilitätskennziffern, die der Einzelhändler zur Planung und Steuerung seines Betriebs berechnet und geben Sie jeweils die betriebliche Größe an, zu der dabei der erwirtschaftete Gewinn ins Verhältnis gesetzt werden muss.

Rentabilitätskennziffer	Gewinn wird ins Verhältnis gesetzt zu ...

2. Der durchschnittliche Bestand an Eigenkapital eines Einzelhändlers beträgt 500.000,00 € im Jahr. Im zurückliegenden Jahr konnte der Einzelhändler einen Gewinn von 80.000,00 € erwirtschaften. Berechnen Sie die Höhe der Eigenkapitalrentabilität des Unternehmens für dieses Jahr.

....

3. Am 01.01. des Jahres ist in der Bilanz eines Einzelhändlers ein Gesamtkapitalbestand von 1.000.000,00 € ausgewiesen. Der Gesamtkapitalbestand des Unternehmens ist zum 31.12. desselben Jahres auf 1.400.000,00 € gestiegen. Der Einzelhändler konnte einen Gewinn von 145.000,00 € erarbeiten und hat 10.000,00 € Zinsen für sein Fremdkapital zahlen müssen. Ermitteln Sie die Gesamtkapitalrentabilität des Einzelhandelsbetriebs.

....

....

4. Folgende Bilanzen eines Einzelhandelsbetriebs liegen vor:

Aktiva	EB 1.1.20..	Passiva	
Anlagevermögen	...	Eigenkapital	500,000,00 €
Umlaufvermögen	...	Fremdkapital	335.000,00 €
Bilanzsumme	...	Bilanzsumme	835.000,00 €

Aktiva	SB 31.12.20..	Passiva	
Anlagevermögen ...		Eigenkapital	530.000,00 €
Umlaufvermögen ...		Fremdkapital	325.000,00 €
Bilanzsumme ...		Bilanzsumme	855.000,00 €

In diesem Jahr konnte der Einzelhändler einen Gewinn von 30.000,00 € erarbeiten. Für das Fremdkapital wurden Zinsen in Höhe von 9.000,00 € gezahlt. Berechnen Sie die Eigenkapital- und die Gesamtkapitalrentabilität des Einzelhandelsunternehmens für das zurückliegende Jahr.

Eigenkapitalrentabilität	Gesamtkapitalrentabilität

5. Erläutern Sie, welche Informationen die Kennziffer der Umsatzrentabilität dem Einzelhändler gibt.

....

....

6. Die Trendino Computer-Shop GmbH erzielt im Monat Januar einen Umsatz von 176.000,00 €, dabei kann sie einen Gewinn von 21.472,00 € erreichen. Berechnen Sie die Umsatzrentabilität für die Trendino Computer-Shop GmbH für den Monat Januar und interpretieren Sie das Ergebnis.

550652

7. Überprüfen Sie, ob die nachfolgenden Einzelhändler im zurückliegenden Jahr wirtschaftlich gearbeitet haben. Berechnen Sie dazu das Betriebsergebnis und die Kennziffer der Wirtschaftlichkeit. Geben Sie an, welcher Einzelhandelsbetrieb am besten und welcher am schlechtesten abgeschnitten hat.

Einzelhandelsbetrieb	Leistungen	Kosten	Betriebsergebnis	Wirtschaftlichkeit
Uhren und Schmuck Wiedemann e. K	337.223,00 €	286.902,00 €		
Feinkost „Frisch und Lecker“ OHG	1.296.112,00 €	1.279.050,00 €		
Backwarenshop „Elbebäcker“ GmbH	277.626,00 €	270.390,00 €		
Babyausstatter Jenny Rose e. Kfr.	56.119,00 €	58.403,00 €		
Jeansboutique „Easy“ GmbH	436.950,00 €	402.950,00 €		
Drogerie Matz GbR	180.700,00 €	180.700,00 €		
Lebensmitteldiscounter Billy Nord GmbH	2.899.487,00 €	2.421.581,00 €		

8. Produktivitätskennziffern drücken das Verhältnis zwischen dem Produktionsergebnis und den eingesetzten Produktionsfaktoren aus. Nennen Sie fünf Beispiele für Produktionsfaktoren in einem Lebensmitteldiscounter und geben Sie dazu die Produktivitätskennziffern an.

Produktionsfaktor	Produktivitätskennziffer

9. Die Mitarbeiterproduktivität mehrerer Lebensmitteldiscounter des letzten Jahres innerhalb eines Ortes wird miteinander verglichen. Dabei werden vom Einzelhandelsverband folgende Zahlen veröffentlicht:

Billy Nord GmbH 720.000,00 € je Mitarbeiter
Maxa AG 1.200.000,00 € je Mitarbeiter
Griese GbR 933.000,00 € je Mitarbeiter

Erläutern Sie, welche Ursachen die unterschiedlichen Werte für die Mitarbeiterproduktivität haben könnten.

Situation
Erarbeitung
Zusatz
Forder

10. Begründen Sie, warum Abschreibungen bei der Berechnung des Cashflows nicht berücksichtigt werden.

11. Folgende Gewinn- und Verlustrechnung eines Einzelhandelsunternehmens liegt Ihnen vor. Berechnen Sie den Cashflow.

GuV zum 31.12.20..	€
Umsatzerlöse	496.000,00
Warenrohgewinn	399.000,00
sonstige Erträge	97.000,00
sonstige Aufwendungen	
Personalkosten	23.000,00
Abschreibungen	8.000,00
Miete	11.000,00
Zinsen	4.000,00
Strom, Wasser, Heizung	9.000,00
Steuerberatungskosten	8.200,00
Reingewinn	33.800,00

11.8 Einsatz von Warenwirtschaftssystemen und kurzfristige Erfolgsrechnung

Erarbeitungsaufgaben

1. Unterscheiden Sie GUV und KER. Nennen Sie drei Unterscheidungsmerkmale.

GUV	KER

2. Nennen Sie je zwei Beispiele für Kontrolle, Analyse und Planung von betrieblichen Daten, die mithilfe der kurzfristigen Erfolgsrechnung gewonnen werden.

Kontrolle	Analyse	Planung

Situation
Erarbeitung
Zusatz
Forder

3. Rentabilitätskennziffern

a) Erläutern Sie, wodurch sich Umsatzrentabilität und Bruttoumsatzrentabilität unterscheiden.

Umsatzrentabilität	Bruttoumsatzrentabilität

b) Erläutern Sie, warum bei der KER im Warenwirtschaftssystem nur die Bruttoumsatzrentabilität als einfache Rentabilitätszahl ermittelt wird.

....

....

....

4. Die KER liefert dem Einzelhändler unter anderem auch eine Umsatzanalyse. Nennen Sie fünf Gründe, warum der Umsatz bei einer Warengruppe monatlich schwanken kann.

....

....

....

....

....

....

....

5. Entscheiden Sie, ob die folgenden Aussagen richtig **R** oder falsch **F** sind.

a) Preisabschläge oder Preisnachlässe haben Auswirkung auf die Umsatzentwicklung in der KER. ☐

b) Preisnachlässe können den Umsatz erhöhen, weil eine größere Warenmenge abgesetzt werden kann. ☐

c) Preisnachlässe erhöhen immer den Umsatz. ☐

d) Um sein Lager für ein neues Sortiment frei zu machen, muss der Einzelhändler seine Preise erhöhen. ☐

e) Der Einzelhändler nutzt Preisnachlässe, um seinen Warenfluss zu beschleunigen. ☐

f) Preisnachlässe können den Umsatz auch verringern. ☐

g) Preisnachlässe gewährt der Einzelhändler, weil er Spaß daran hat, von Zeit zu Zeit seine Preise zu verändern. ☐

h) Durch die Preisanalyse in der KER kann der Einzelhändler erkennen, welche Auswirkungen von ihm veranlasste Preisänderungen auf den Umsatz haben. ☐

i) Für Ladenhüter muss der Einzelhändler die Preise nach Möglichkeit erhöhen, damit er, wenn sie irgendwann doch verkauft werden, einen hohen Umsatz erzielt. ☐

Situation
Erarbeitung
Zusatz
Forder

6. Ihnen liegt nebenstehende Umsatzanalyse der Herrenabteilung der Modehaus Müller GmbH vor.

a) Ergänzen Sie die fehlenden Zahlen (zwei Stellen nach dem Komma).

Warengruppen	**Dezember Vorjahr**			**Dezember laufendes Jahr**			**Veränderung zum Vorjahr**		
	Absatz in Stück	Umsatz in €	Anteil am Gesamtumsatz in %	Absatz in Stück	Umsatz in €	Anteil am Gesamtumsatz in %	Umsatz in €	Umsatzveränderung in %	Anteil am Gesamtumsatz in %-Punkten
Herrenhosen	390	35.100,00		415	37.350,00				
Sakkos	210	31.500,00		200	30.000,00				
Anzüge	90	27.000,00		93	27.900,00				
Strickjacken	320	25.600,00		355	28.400,00				
Oberhemden	460	23.000,00		510	25.500,00				
Krawatten	150	3.750,00		123	3.075,00				
gesamt			100,00			100,00			

Warengruppenanalyse nach Umsatz, Abteilung Herren

b) Nennen Sie die Warengruppe, die sich innerhalb der Herrenabteilung gegenüber dem Vorjahr am besten entwickelt hat, und die, die sich am schlechtesten entwickelt hat.

....

....

c) Machen Sie Vorschläge, welche Maßnahmen das Modehaus Müller aus dieser Umsatzanalyse ableiten könnte.

....

....

Situation
Erarbeitung
Zusatz
Forder

7. Erstellen Sie für die Monate Februar und März des Jahres die Warengruppenanalyse nach Rohgewinn für das Schuhgeschäft Graziano und beurteilen Sie die Veränderungen.

Warengruppen	**Januar laufendes Jahr**						
	Absatz in Stück	ø Bezugspreis	ø Verkaufspreis in €	Wareneinsatz in €	Umsatz in €	Rohgewinn in €	Rohgewinn je Stück in €
Pumps	230	– 10 %	80,00	108,00			
Sneacker	175	0 %	55,00	65,00			
Stiefel	220	– 40 %	90,00	96,00			
Stiefeletten	270	– 35 %	55,00	61,75			
Ballerinas	155	20 %	30,00	54,00			
High Heels	120	30 %	45,00	65,00			
gesamt	1170						

Warengruppenanalyse nach Rohgewinn, Damenschuhe

....

....

....

....

8. Erläutern Sie den Unterschied zwischen Zeitvergleich, Plan-Ist-Vergleich und Betriebsvergleich. Nennen Sie jeweils ein Beispiel, beziehen Sie sich dabei auf Ihren Ausbildungsbetrieb.

	Zeitvergleich	**Plan-Ist-Vergleich**	**Betriebsvergleich**
Erläuterung			
Beispiel			

11.7–11.8 Kennzahlen/WWS und KER

Zusatzaufgaben

1. Erläutern Sie den Begriff Rentabilität.

....

....

Situation
Erarbeitung
Zusatz
Forder

2. Unterscheiden Sie zwischen Eigenkapital-, Gesamtkapital- und Umsatzrentabilität und geben Sie die jeweilige Formel zur Berechnung an.

Eigenkapitalrentabilität	Gesamtkapitalrentabilität	Umsatzrentabilität

3. Erläutern Sie den Begriff Produktivität.

....

....

....

4. Erläutern Sie den Begriff Cashflow.

....

....

....

5. Erläutern Sie, warum ein Warenwirtschaftssystem die Arbeit des Einzelhändlers unterstützt.

....

....

6. Informieren Sie sich in Ihrem Ausbildungsbetrieb über die Funktionsweise eines Warenwirtschaftssystems in der Praxis. Nennen Sie fünf Beispiele für Informationen, die dieses Warenwirtschaftssystem gibt.

....

7. Nennen Sie den Begriff, für den die Abkürzung KER steht.

....

8. Erläutern Sie die Aufgabe der kurzfristigen Erfolgsrechnung im Einzelhandelsbetrieb.

....

....

9. Ergänzen Sie die fehlenden Begriffe:

Die kurzfristige Erfolgsrechnung dient der

- .... der betrieblichen Daten,
- .... der betrieblichen Daten und
- .... der betrieblichen Daten.

10. Geben Sie bei nachfolgenden Beispielen an, ob es sich um einen Zeitvergleich (Z), Plan-Ist-Vergleich (PI) oder Betriebsvergleich (B) handelt. Bestimmen Sie außerdem, ob ein innerbetrieblicher Vergleich (I) oder ein zwischenbetrieblicher Vergleich (ZW) vorliegt.

550658

Fall	(Z) (PI) (B)	(I) (ZW)
a) Das Sportgeschäft Aslan Board & Bike vergleicht seine Absatzzahlen an Sporträdern mit dem Durchschnitt der Branche, der von der IHK veröffentlicht wurde.		
b) Das Computerfachgeschäft Trendino vergleicht seine durchschnittlich erzielten Verkaufspreise mit den Verbraucherpreisen für EDV und Kommunikationstechnik des statistischen Bundesamts.		
c) Jutta Fröhlich vergleicht ihre Tageseinnahmen vom Freitag mit denen am Samstag.		
d) ALDI vergleicht den durchschnittlichen täglichen Kundendurchlauf der Filiale in Neustadt mit dem durchschnittlichen täglichen Kundendurchlauf der Filiale in Altstadt.		
e) Frau Aslan hatte pro Mitarbeiter vier Krankentage im Quartal eingeplant. Nach Quartalsabrechnung führt sie eine Analyse durch und stellt fest, dass weniger Krankentage angefallen sind.		
f) Der Autohersteller Audi plant für die drei Autohändler in Altstadt jeweils 70 Audi TT im ersten Quartal abzusetzen. Nur ein Autohändler kann am Ende des Quartals diese Absatzzahl erreichen, die anderen beiden bleiben kurz darunter.		

Forderaufgaben

1. Entscheiden Sie, ob die folgenden Aussagen richtig **R** oder falsch **F** sind.

a) Der Gewinn des Einzelhändlers ist der Zinsbetrag, den er für den Einsatz seines Eigenkapitals erhält. ☐

b) Wenn die errechnete Eigenkapitalrentabilität größer ist als der marktübliche Zinssatz bei der Bank, hätte der Einzelhändler sein Geld besser bei einem Kreditinstitut anlegen können. ☐

c) Die Eigenkapitalrentabilität wird auch als Unternehmensrentabilität und die Gesamtkapitalrentabilität als Unternehmerrentabilität bezeichnet. ☐

d) Die Umsatzrentabilität gibt an, wie viel Euro Gewinn mit einem Euro Umsatzerlöse erwirtschaftet wurde. ☐

e) Umsatzrentabilität wird auch als Umsatzrendite bezeichnet. ☐

f) Umsatzrentabilität wird auch als Return on Sales bezeichnet. ☐

g) Bei der Berechnung der Umsatzrentabilität wird immer der Umsatz ins Verhältnis zum Eigenkapital gesetzt. ☐

h) Ein Einzelhändler arbeitet immer wirtschaftlich, wenn er mehr Eigenkapital als Fremdkapital hat. ☐

i) Wirtschaftlichkeit im Einzelhandelsunternehmen ist das Verhältnis aus Erträgen und Aufwendungen bzw. Leistungen und Kosten. ☐

j) Wenn die Wirtschaftlichkeit im Einzelhandel kleiner als 1 ist, ist das sehr gut. Es bedeutet, dass der Einzelhändler Kosten eingespart hat. ☐

k) Der Cashflow gibt an, ob ein Einzelhändler alle laufenden Ausgaben durch seine Einnahmen decken konnte und vielleicht sogar noch etwas übrig bleibt. ☐

2. Die kurzfristige Erfolgsrechnung eines Lebensmittelhändlers ermittelt für die Warengruppe Gemüse eine Bruttoumsatzrentabilität von 5% bei einem Umsatz von 320.000,00 €. Wie hoch ist der Rohgewinn der Warengruppe Gemüse?

....

....

....

12 Kunden gewinnen und binden

Lernsituation: Umsatzrückgang bei der Trendino Computer-Shop GmbH

Situation

Die Mitarbeiter der Trendino Computer-Shop GmbH sind von der Umsatzentwicklung bei einigen Produkten enttäuscht. Sie beobachten, dass immer weniger Kunden den Laden betreten. Viele potenzielle Käufer schlendern nur sehr kurz durch das Geschäft. Sie verbleiben nicht für eine längere Zeit und lassen sich nicht zielgerichtet beraten. Außerdem stellt man in der jüngsten Vergangenheit fest, dass sogar Stammkunden wegbleiben. Einen großen Umsatzeinbruch gab es vor allem bei Computerspielen und Desktop-Computern.

Die Geschäftsleitung ist sehr besorgt und bittet alle Mitarbeiter, über die Situation nachzudenken. Jeder Mitarbeiter soll mindestens einen Vorschlag machen, wie der Umsatz in den nächsten Monaten wieder gesteigert werden kann.

Material

- neue Produkte anbieten
- Trendino-Kundenkarte
- Waren billiger einkaufen
- Geschäft renovieren
- Verkaufspersonal schulen
- Agentur zur Marktforschung einschalten, die kennen sich damit aus
- Homepage neu gestalten
- Internethandel anbieten
- mehr Werbung
- Newsletter an Haushalte schicken, um über neue Angebote zu informieren
- in Altstadt Flyer an alle Haushalte verteilen
- Rabattaktionen

M1 Vorschläge von Trendino-Mitarbeitern

Arbeitsaufträge zur Lernsituation

1. Nennen Sie die Probleme, die die Trendino Computer-Shop GmbH hat.

....

....

....

....

2. Erläutern Sie, welche Konsequenzen es haben könnte, wenn die Probleme nicht gelöst werden.

3. Schildern Sie Möglichkeiten, wie die Trendino Compter-Shop GmbH die Ursachen für den Umsatzrückgang ergründen kann.

4. Viele Mitarbeiter haben ihre Vorschläge zur Verbesserung der Umsatzsituation abgegeben (vgl. M1). Um sich einen Überblick zu verschaffen, möchte der Geschäftsführer die Vorschläge danach sortieren, ob sie das Sortiment, den Service, die Preise und Zahlungsbedingungen, die Werbung oder den Vertrieb betreffen. Orden Sie die vorgeschlagenen Maßnahmen in die folgende Tabelle ein.

Sortiment	Service	Preise und Zahlungsbedingungen	Werbung	Vertrieb

5. Der Geschäftsführer überlegt, ob er tatsächlich eine Agentur zur Marktforschung einsetzen sollte. Geben Sie ihm eine Empfehlung und begründen Sie diese.

Situation
Erarbeitung
Zusatz
Forder

6. In einer Zeitschrift für Unternehmer liest der Geschäftsführer, dass es sehr wichtig sei, ein Marketingkonzept zu besitzen. Im letzten Jahr hatte Trendino einen Werbeplan aufgestellt.

a) Erläutern Sie den Unterschied zwischen einem Werbeplan und einem Marketingkonzept.

Werbeplan	Marketingkonzept

b) Erläutern Sie, warum es nicht ausreichend sein wird, wenn Trendino nur die in Aufgabe 4 unter Werbung eingeordneten Maßnahmen in Angriff nimmt.

12.1 Bedeutung und Ziele des Marketing

Erarbeitungsaufgaben

1. Erläutern Sie, aufgrund welcher wirtschaftlichen Entwicklung dem Absatz und damit dem Marketing ein besonderer Einfluss zukommt.

....

....

2. Erklären Sie, warum es bei einem Verkäufermarkt nicht notwendig ist, Absatzmarketing zu betreiben.

....

....

3. Entscheiden Sie, was typisch für den Käufermarkt **1** und den Verkäufermarkt **2** ist.

a) starke Konkurrenz unter den Anbietern ☐

b) Viele Käufer konkurrieren um wenige Produkte ☐

c) Angebot ist so groß wie die Nachfrage ☐

d) Kunden werben neue Kunden ☐

4. Ergänzen Sie den Text mit den folgenden Begriffen.

Bedürfnissen/Familiengröße/geografische/gleichartige/Italiener/Kaufverhalten/Konsumenten/Marktsegmente/Merkmale/unterschiedlicher/Wettbewerbsvorteile/ Wünsche

In Köln leben derzeit ca. 1 Mio. Einwohner. Hier leben z. B. Türken, ..., Polen, Serben, Griechen, also Menschen .... Herkunft.

Wenn ein Einzelhändler hier erfolgreich seine Waren verkaufen möchte, ist es besonders wichtig, das .... seiner Kunden zu kennen. Um der Vielfalt seiner Kunden gerecht zu werden, teilt der Einzelhändler den Markt in .... auf. Hier werden .... Käuferschichten in Gruppen zusammengefasst. Durch die Schaffung von Marktsegmenten verspricht sich der Einzelhändler ....

Bei der Bildung von Marktsegmenten berücksichtigt der Einzelhändler unterschiedliche .... Wenn man sozioökonomische Kriterien auswählt, um daraus Marktsegmente zu bilden, stehen z. B. Merkmale wie das Alter, das Geschlecht, die ...., die Kaufkraft und die Ausbildung im Vordergrund.

Betrachtet man .... Gegebenheiten, dann stehen Fragen wie z. B. in welchem Staat, in welcher Region oder in welchem Stadtviertel sollen die Produkte verkauft werden, im Mittelpunkt der Überlegungen des Einzelhändlers.

Das konkrete Kaufverhalten von Konsumenten resultiert vor allem aus der Struktur ihrer Persönlichkeit und Einstellungen, ihren ...., Motiven und Produkterwartungen. Aus diesem Grund lassen sich .... mit gleichartigen oder ähnlichen Persönlichkeitsmerkmalen zu einer segmentspezifischen Zielgruppe bündeln.

Somit kann sich der Einzelhändler viel effizienter auf die .... seiner Kunden einstellen.

Situation
Erarbeitung
Zusatz
Forder

5. Erkundigen Sie sich, welche marktbezogenen Unternehmensziele Ihr Betrieb im laufenden und in den nächsten Geschäftsjahren anstrebt.

....

....

6. Erklären Sie, wie sich qualitative und quantitative Marketingziele unterscheiden.

quantitative Marketingziele	qualitative Marketingziele

7. Entscheiden Sie, welche Aussagen richtig sind. Tragen Sie den Buchstaben der richtigen Antwort in das Kästchen ein.

Unter Marketing versteht man vorrangig die ☐

a) systematische Versorgung der Märkte mit Werbung.
b) systematische Erkundung der Märkte.
c) zielgerichtete, planmäßige Einflussnahme auf den Absatzmarkt.
d) zielgerichtete, planmäßige Verringerung der Einkaufspreise.
e) Primärforschung, die Quellenmaterial erhebt.

Folgende Abteilung steht dem Marketing aus klassischer Sicht am nächsten ☐

a) Einkauf
b) Vertrieb
c) Logistik
d) Rechnungswesen
e) Personalwesen

In folgender Abteilung wird normalerweise die Marketingstrategie bestimmt ☐

a) Vertrieb
b) Rechtsabteilung
c) Finanzen
d) Geschäftsführung

Die Strategie der Marktsegmentierung wird besonders gekennzeichnet durch ☐

a) weltweit absetzbare Waren
b) bessere Gestaltung bestehender Kundenbeziehungen
c) technologischer Fortschritt
d) zielgruppenspezifische Angebote

Zusatzaufgaben

1. Beschreiben Sie, was Sie unter Marketing verstehen.

....

....

....

....

2. Unterscheiden Sie Verkäufermarkt und Käufermarkt.

Verkäufermarkt	Käufermarkt

3. Erläutern Sie den Zusammenhang zwischen marktbezogenen Unternehmenszielen und Marketingzielen.

.....

.....

.....

.....

.....

4. Marktbeschreibung

a) Ordnen Sie die folgenden Begriffe der unten stehenden Grafik zu.

(1) Marktvolumen ☐

(2) Marktpotenzial ☐

(3) Marktanteil ☐

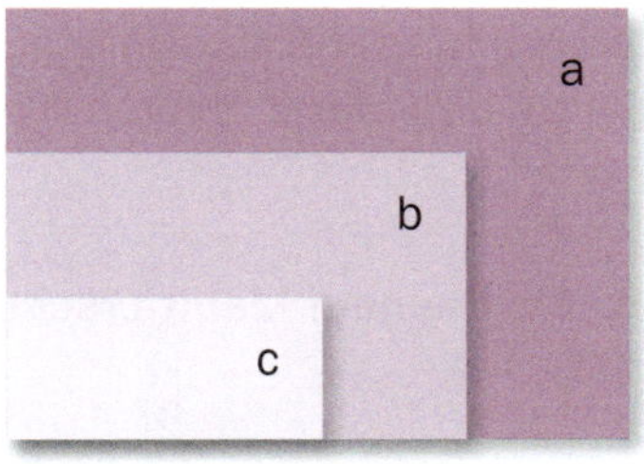

b) Erklären Sie mithilfe eines Beispiels die in a) genannten Begriffe.

.....

.....

.....

.....

c) Der Geschäftsführer der Trendino Computer-Shop GmbH stellt im Monat August durch Beobachtung dieser Marktgröße eine Verbesserung für das Unternehmen fest. Dies kann nur auf Kosten anderer Marktteilnehmer erfolgt sein. Nennen Sie die Marktgröße, um die es sich hierbei handelt.

.....

12.2 Marktforschung

Erarbeitungsaufgaben

1. Erläutern Sie, weshalb Marktforschung notwendig ist.

.....

.....

.....

.....

.....

Situation
Erarbeitung
Zusatz
Forder

2. Entscheiden Sie, welche der untenstehenden Textauszüge einer Marktuntersuchung der Marktanalyse, der Marktprognose bzw. dem Marktbeobachtungsbericht entnommen sind.

a) „... stellten wir durch laufende Kundenbefragungen fest, dass die meisten der Befragten mit dem von Ihnen angebotenen Sortiment zufrieden sind.“

....

b) „... können wir Ihnen am Ende einer ersten Bestandsaufnahme bestätigen, dass Ihr Marktanteil ca. 25 % beträgt.“

....

c) „... raten wir Ihnen zu einer flexibleren Preisgestaltung, wenn Sie die Abwanderung der Kunden aus der City in die Vororte verhindern wollen.“

....

3. Ordnen Sie den beschriebenen Situationen die richtigen Begriffe der Marktforschung (evtl. nach unterschiedlichen Kriterien) zu.

mögliche Begriffe: Absatzforschung/Bedarfsforschung/Konjunkturforschung/Konkurrenzforschung/Marktanalyse/Marktbeobachtung/Markterkundung/Marktforschung/Primärforschung/Sekundärforschung

a) Bei einem Messebesuch erfährt der Unternehmer zufällig, dass ein Mitbewerber in drei Monaten ein neues Produkt auf den Markt bringen wird.

....

b) Ein Unternehmen erteilt einem Marktforschungsinstitut den Auftrag, laufend die Käufergewohnheiten zu erforschen.

....

c) Ein Kreditinstitut wertet einmalig Briefbögen der Firmenkunden daraufhin aus, ob und gegebenenfalls bei welchen anderen Kreditinstituten weitere Geschäftsverbindungen bestehen.

....

d) Ein Unternehmen wertet ständig die Einkommensstatistik der potenziellen Kunden ihres Zielgebiets aus.

....

4. Nennen Sie betriebsinterne und -externe Informationsquellen für die Marktforschungsabteilung einer Unternehmung.

Informationsquellen für die Marktforschung	
betriebsinterne	**betriebsexterne**

5. Geben Sie an, welche dieser Methoden nicht zur Primärforschung gehört. ☐

a) Marktbeobachtung von Kunden

b) Analyse von Kundendaten

c) Experiment

d) telefonische Meinungsumfrage

6. Erläutern Sie die Unterschiede zwischen Primär- und Sekundärforschung.

Primärforschung	Sekundärforschung

7. Erklären Sie folgende Methoden der Marktforschung.

Methoden der Marktforschung	Erklärung
Befragung	
Panel	
Beobachtung	
Markttest	

8. Einzelhändler größerer Unternehmen haben bei neuen Produkten die Möglichkeit, einen Markttest durchzuführen. Oft wird zunächst nur in ausgewählten Filialen getestet, ob sich die Produkte auch gut verkaufen. Die Kunden machen ihren Einkauf von sehr vielen Kriterien abhängig. Nennen Sie mögliche Testkriterien, die bei einem Markttest folgender Produkte berücksichtigt werden sollten.

Fortsetzung siehe folgende Seite

Situation
Erarbeitung
Zusatz
Forder

Produkte	Testkriterien
a) Apfel-Sorten im Vergleich	
b) Teesorten	
c) Kaffeesorten/Kaffeegetränke	
d) Brotsorten	
e) Handys und Smartphones	

9. Vor der Einführung eines programmierbaren Staubsaugers auf dem Markt betreibt der Hersteller Marktforschung. Entscheiden Sie, welche zwei Vorgehensweisen im Rahmen der Absatzplanung der Marktforschung zuzurechnen sind.

a) Franchising ☐ ☐

b) Panel

c) Produkteliminierung

d) Beobachtung

e) Diversifikation

10. Die Sekundärforschung der Trendino Computer-Shop GmbH benutzt bereits vorhandenes Quellenmaterial. Entscheiden Sie, ob es sich bei den Beispielen um innerbetriebliche **1** oder außerbetriebliche **2** Informationsquellen handelt.

a) Lagerbestandsmeldungen ☐

b) Preislisten der Konkurrenz ☐

c) Veröffentlichung der IHK ☐

d) Recherchen von Mitarbeitern ☐

11. Entscheiden Sie, ob die folgenden Aussagen richtig **R** oder falsch **F** sind.

a) Durch die Auswertung von Sekundärinformationen können wir im Vorfeld einige Probleme lösen, sodass der Aufwand für die Primärerhebung minimiert wird. ☐

b) Da eine Teilerhebung viel zu ungenau ist, kann sie auch niemals repräsentativ sein. ☐

c) Bei der Befragung müssen wir aufgrund der hohen Kosten und des enormen Zeitaufwands von einer Vollerhebung Abstand nehmen. ☐

d) Ein großer Vorteil der Beobachtung ist, dass man nicht darauf angewiesen ist, dass der zu beobachtende Kunde uns gegenüber auskunftsbereit ist. ☐

Zusatzaufgaben

1. Erklären Sie die Begriffe Markterkundung und Marktforschung.

Markterkundung	Marktforschung

2. Erläutern Sie den Unterschied zwischen Nachfrageforschung und Konkurrenzforschung.

....

....

3. Grenzen Sie die Begriffe Marktanalyse, Marktbeobachtung und Marktprognose voneinander ab.

Marktanalyse	Marktbeobachtung	Marktprognose

4. Ordnen Sie folgende Ereignisse den Aufgaben der Marktforschung zu.

Ereignis	
a) Die Trendino Computer-Shop GmbH befragt regelmäßig ihre Abnehmer sowie ihr Verkaufspersonal über die sich wandelnden Kundenwünsche.	
b) Aus vorhergehenden Untersuchungen kann vorausgesagt werden, dass sich der Trend zu umweltverträglichen Materialien festigen wird.	
c) Zum Ende des I. Quartals stellt die Trendino Computer-Shop GmbH fest, wie viele Konkurrenten auf den einzelnen Teilmärkten vorhanden sind.	

Aufgaben der Marktforschung	
1	Marktanalyse
2	Marktbeobachtung
3	Marktprognose
4	nichts ist zutreffend

5. Im Rahmen der Primärforschung werden neue, bisher noch nicht erhobene Marktdaten durch folgende Methoden festgestellt. Ordnen Sie die Möglichkeiten der Primärforschung den folgenden Aussagen zu.

Ereignis	
a) In repräsentativ ausgewählten Haushalten werden in regelmäßigen Abständen Erhebungen über deren Kaufverhalten durchgeführt. Dazu führen die Haushalte ein Tagebuch über ihr wöchentliches Einkaufverhalten. Die Trendino Computer-Shop GmbH möchte u. a. dadurch Aussagen über die technische Ausstattung der Haushalte gewinnen und wie diese wiederum das Kaufverhalten der Konsumenten beeinflusst.	
b) In einer Einkaufspassage wird durch entsprechende Spiegel der Kundenlauf festgestellt.	
c) Die Erhebung kann mündlich, schriftlich oder telefonisch erfolgen.	
d) Ein Auszubildender hat die Aufgabe, das nonverbale Verhalten der Kunden zu registrieren.	

Möglichkeiten der Primärforschung	
1	Befragung
2	Beobachtung
3	Panel
4	Experiment/Test

Situation
Erarbeitung
Zusatz
Forder

6. Stellen Sie fest, welche Marktforschungsmethode geeignet ist, die erforderlichen Untersuchungsergebnisse zu erzielen und begründen Sie Ihre Entscheidung kurz in Stichpunkten.

Situation	Methode	Begründung
a) Ein Zahnbürstenhersteller, die Bürsten- und Pinseltechnik DN GmbH, möchte wissen, welche Zahnbürstenart (Borstenform und Härtegrad) die Kunden derzeit bevorzugen.		
b) Ein Margarinehersteller will seine Margarinesorten mit differenzierten Mengeninhalten anbieten. Er benötigt Informationen, welche Verpackungsgröße bei den Kunden am meisten nachgefragt wird. Er beauftragt die GfK-Nürnberg Gesellschaft für Konsumforschung e. V., hierzu umfassende Informationen zu beschaffen.		
c) Eine Fernsehzeitschrift will in ihrer nächsten Wochenausgabe über die Reaktionen des Fernsehpublikums auf eine neue Serie berichten und benötigt hierzu Informationen.		
d) Ein Joghurthersteller stellt fest, dass der Absatz seines Magerjoghurts Light seit drei Monaten rückläufig ist, obwohl sich der Joghurtmarkt insgesamt vergrößert hat. Jetzt möchte der Joghurthersteller wissen, zu welchem Konkurrenzunternehmen die Konsumenten abgewandert sind, um seine Werbung zielgerichtet darauf abzustimmen.		
e) Ein Einzelhandelsunternehmen will in allen Filialen eine neue Schokolade anbieten, die eine absolute Innovation (Produktneuheit) darstellt, bei der die Gewinnmarge relativ hoch ist. Es wird überlegt, wo im Laden die Schokolade am besten platziert werden soll.		
f) Ein Einzelhandelsunternehmen überlegt, ob es auch in das PC-Geschäft einsteigen soll. Um abschätzen zu können, ob eine entsprechende Nachfrage besteht, möchte es wissen, in wie viel Prozent der Haushalte noch kein Computer steht.		
g) Ein Weißkrautsalathersteller beauftragt seine Verpackungsdesigner, eine neue Verpackung für seine Produkte zu entwickeln. Ihm werden drei verschiedene Verpackungstypen empfohlen. Es ist nun zu prüfen, welche Verpackung am geeignetsten ist, z. B. bezüglich des Öffnens, der Haltbarkeit, des Aussehens oder der Lesbarkeit der Aufschrift.		
h) Die BASF AG hat einen neuen Kunststoff entwickelt, der extremen Temperaturschwankungen widersteht. Das Unternehmen möchte wissen, ob es hierfür einen Absatzmarkt gibt.		

550670

12.1–12.2 Ziele des Marketing/Marktforschung

Forderaufgaben

1. Ein Zulieferer der Trendino Computer-Shop GmbH möchte einen neuen MP3-Player mit dem Namen Vision 2020 und mit revolutionären Funktionen auf den Markt bringen. Um herauszufinden, wie die Verbraucher diese Neuentwicklung annehmen, wird der Markt systematisch untersucht.

a) Schildern Sie, wie das Unternehmen sich im Rahmen der Primärforschung die entsprechenden Informationen beschaffen kann.

....

....

....

b) Erklären Sie, warum hier die Sekundärforschung nur eine untergeordnete Rolle spielt.

....

....

c) Geben Sie an, warum hier der Schwerpunkt zur Informationsgewinnung bei der Marktanalyse liegt.

....

2. Ein Einzelhandelsunternehmen hat ein Marktforschungsinstitut mit einer Kundenbefragung zu einem Produkt beauftragt. Das Ergebnis ist nachfolgend abgebildet.

Wie oft verwenden Sie dieses Produkt?				
sehr oft	oft	manchmal	sehr selten	keine Angabe
57 %	23 %	8 %	3 %	9 %

Aussagen der Kunden zum Produkt	trifft völlig zu	trifft zu	teils/ teils	trifft nicht zu	trifft gar nicht zu	keine Angabe
Das Produkt entspricht meinen Erwartungen.	45 %	49 %	5 %	0 %	0 %	1 %
Das Produkt ist einfach zu bedienen.	26 %	43 %	18 %	2 %	7 %	4 %
Das Produkt weist ein gutes Preis-/Leistungsverhältnis auf.	35 %	40 %	14 %	0 %	1 %	10 %
Das Produkt hat ein gutes Hilfesystem.	13 %	30 %	34 %	14 %	3 %	6 %

a) Nennen Sie Gründe, die für die Auftragserteilung an ein Marktforschungsinstitut sprechen.

....

....

....

....

b) Erläutern Sie, welche Erkenntnisse man aus dieser Abbildung gewinnen kann.

....

....

3. Sie sind von Ihrem Chef mit der Aufgabe betraut worden, die Kundenzufriedenheit zu analysieren. Für die Firmenleitung ist es wichtig zu erfahren, wie die Kunden insgesamt den Trendino Computer-Shop-Handel bewerten und welche Zielgruppen besonders von dem Angebot bei Trendino überzeugt sind. Nach gründlicher Überlegung verspricht sich Ihr Team von der Befragung als Methode die besten Ergebnisse. Entwickeln Sie einen geeigneten Fragebogen und stellen Sie diesen vor.

Situation
Erarbeitung
Zusatz
Forder

Fragebogen zum Kundenverhalten und zur Marktanalyse

12.3 Marketinginstrumente

Erarbeitungsaufgaben

1. Entscheiden Sie in folgenden Fällen, ob eine Sortimentsbereinigung oder Sortimentserweiterung vorliegt.

a) Der Einzelhändler bestellt aufgrund der sinkenden Nachfrage eine Wurstsorte mit einem hohen Fettanteil nicht mehr.

....

b) Der Einzelhändler kauft zusätzlich eine neue Käsesorte mit geringem Fettanteil ein.

....

c) Der Anbieter von Küchen bietet gleichzeitig die Finanzierung dafür an.

....

2. Kreuzen Sie die jeweils richtigen Antworten an. Das Sortiment von ALDI ist

a) breiter als das Sortiment von REAL ☐

b) schmaler als das Sortiment von REAL ☐

c) tiefer als das Sortiment von REAL ☐

d) flacher als das Sortiment von REAL ☐

3. Im Rahmen der Sortimentspolitik sind unterschiedliche Strategien möglich. Erläutern Sie die folgenden Strategien und geben Sie jeweils ein Beispiel.

	Produktdiversifikation	Produktvariation	Produktelimination
Erklärung			
Beispiel			

4. Nennen Sie die Art der Preisdifferenzierung, die in folgenden Fällen vorliegt.

Situation	Art der Preisdifferenzierung
a) Ein VW Golf kostet in Finnland ca. 30 % weniger als in Deutschland.	
b) Auf dem Wochenmarkt kostet 1 kg Äpfel 1,75 €, 5 kg kosten 8,50 €.	
c) Kurz vor Pfingsten sind die Treibstoffpreise an den Tankstellen um 8 Cent pro Liter erhöht worden.	
d) Journalisten erhalten beim Kauf eines Pkw 20 % Rabatt.	
e) Ein Kaufhaus senkt im April die Preise für Skiausrüstungen um 30 %.	
f) Ein Einzelticket mit der Bahn kostet 3,50 €, eine Vierfahrtenkarte kostet 12,00 €.	
g) Die Preisdifferenzen zwischen Standard-, Luxus- und Ralleyausführung entsprechen nicht den Kostenunterschieden.	

Fortsetzung siehe folgende Seite

Situation
Erarbeitung
Zusatz
Forder

Situation	Art der Preisdifferenzierung
h) Ein Hotel bietet seine Zimmer in der Hauptsaison zu höheren Preisen als in der Nebensaison an.	
i) Das städtische Freibad gewährt Schülern ein verbilligtes Eintrittsgeld.	
j) In den Nachtstunden ist der Strom eines Anbieters günstiger als am Tag.	
k) Ein Hotel bietet seine Zimmer zur Meerseite teurer als jene zur Landseite an.	

5. Ordnen Sie die folgenden Maßnahmen der Trendino Computer-Shop GmbH den drei genannten Instrumenten der Kommunikationspolitik zu. Beachten Sie, dass auch mehrere Zuordnungen zutreffend sein können.

Maßnahmen		
a) Trendino schaltet Anzeigen in verschiedenen Zeitschriften.		
b) Die Bänke im Stadtpark sind von der Trendino-GmbH gestiftet worden.		
c) Auf der CeBIT stellt Trendino seine Produkte vor.		
d) Trendino verschenkt Testversionen einer neuen Software an seine Kunden.		
e) Ein Fußball-Regionalligist trägt die Trikots mit dem Firmenlogo der Trendino-GmbH.		
f) Trendino lässt einen neuen Werbespot entwickeln.		
g) Der Geschäftsführer der Trendino-GmbH überreicht der „Aktion Mensch“ in einer Fernsehshow einen Scheck über 10.000,00 €.		
h) Trendino veröffentlicht eine Broschüre mit dem Titel Trendino-Green IT. Hier werden die Kunden über alle aktuellen Bemühungen informiert, die PCs umwelt- und ressourcenschonend zu gestalten, von der Produktion bis zur Entsorgung.		

Kommunikations-politik	
1	Absatzwerbung
2	Public Relations
3	Sales Promotion

6. Nennen Sie weitere Kommunikationsinstrumente und führen Sie jeweils ein Beispiel dazu an.

7. Erläutern Sie, welche Entscheidungen der Einzelhändler im Rahmen der Distributionspolitik treffen muss.

8. Eine preispolitische Möglichkeit ist die Hochpreispolitik in Form der Premiumpreisstrategie und der Skimmingpreisstrategie. Klären Sie, was man unter Premiumpreisstrategie und Skimmingpreisstrategie versteht und nennen Sie je ein Beispiel.

Premiumpreisstrategie	Skimmingpreisstrategie

9. Eine weitere preispolitische Möglichkeit ist die Niedrigpreispolitik in Form der Promotionspolitik und der Penetrationspolitik. Definieren Sie, was man unter Promotionspolitik und Penetrationspolitik versteht und nennen Sie je ein Beispiel.

Promotionspolitik	Penetrationspolitik

10. Geben Sie an, welcher Begriff zur Produktpolitik gehört. ☐

a) Markenpolitik
b) Logistik
c) unverbindliche Preisempfehlung
d) Werbeartikel auf Messen

11. Geben Sie an, an welchem dieser Orte Verkaufsförderung am ehesten zu finden ist. ☐

a) Wald
b) Autobahn
c) Plenarsaal der Bundesregierung
d) Supermarkt

12. Geben Sie an, welche dieser kommunikativen Maßnahmen am ehesten zur Öffentlichkeitsarbeit gehört. ☐

a) Werbeanzeige in einer Monatszeitschrift
b) Eintragung in Handelsregister
c) Pressemitteilung des Unternehmens
d) Werbespot im Radio

13. Geben Sie an, worauf kommunikative Maßnahmen des Einzelhandels in erster Linie abzielen. ☐

a) Informationen über günstige Angebote
b) Täuschung der Kunden
c) Werbung für Markenhersteller
d) besseres Image des Händlers

Situation
Erarbeitung
Zusatz
Forder

14. Geben Sie an, welche dieser Aussagen auf ein Marketing-Event am ehesten zutrifft. ☐

a) eine gute Möglichkeit, um Restposten zu verkaufen

b) Erhöhung des Marktanteils

c) ermöglicht direkten Zielgruppenkontakt

d) Ausloten des Marktpotenzials

15. Betrachten Sie in der nachstehenden Grafik die Umsatzentwicklung der Trendino Computer-Shop GmbH. Nennen Sie mögliche Ursachen für die abweichende Umsatzentwicklung der Trendino Computer-Shop GmbH gegenüber der Branche in den Jahren 3 und 4.

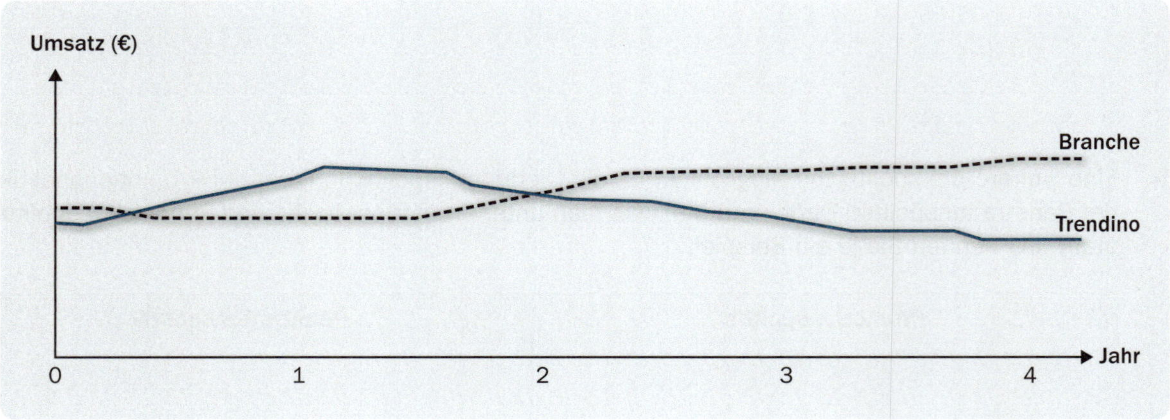

....

....

16. Erstellen Sie den Entwurf eines Konzepts für Social Marketing für ein selbst gewähltes Produkt Ihres Ausbildungsbetriebs.

....

....

....

17. Ein Haushaltsgerät, das zum Preis von 44,00 € verkauft wird, musste einen erheblichen Rückgang des Absatzes verzeichnen. Es wird überlegt, ob nicht der Preis um 4,00 € gesenkt werden sollte, da von der Konkurrenz keine Veränderung des Preises zu erwarten ist. Die Marktforschungsabteilung bestätigt, dass die Preiselastizität der Nachfrage bei diesem Produkt relativ hoch ist. Das bedeutet, dass die Nachfrager auf Preisveränderungen stark reagieren.

a) Beschreiben Sie, für welche Zwecke die Deckungsbeitragsrechnung eingesetzt werden kann.

....

....

....

....

....

b) Entscheiden und begründen Sie rechnerisch, ob Sie dem Verkaufsleiter empfehlen werden, den Preis um 4,00 € je Stück zu senken, wenn folgende Daten vorliegen:

- bisheriger Absatz 10 000 Stück je Monat,
- variable Kosten 30,00 € je Stück,
- fixe Kosten 120.000,00 € je Monat,
- Zunahme der verkauften Menge nach Preissenkung um 30 %,
- geplanter Gewinn 4 %.

c) Errechnen Sie, wie die Situation im vorliegenden Fall wäre, wenn die Mengenzunahme 50 % der Ausgangsmenge betragen würde.

18. Nehmen Sie Stellung zu folgenden Zitaten von Oliviero Toscani und Abraham Lincoln.

a)

> Aufgrund folgender Untaten erkläre ich hiermit den Prozess gegen die Werbung für eröffnet:
>
> – Verschwendung von Unsummen
> – soziale Nutzlosigkeit
> – Lüge
> – Verbrechen gegen die Intelligenz
> – heimliche Verführung
> – Verherrlichung der Dummheit
>
> *Oliviero Toscani (*1942; italienischer Fotograf, bekannt geworden durch die Benetton-Werbekampagnen)*

b)

> Was wir im Westen konsumieren, verändert das Gesicht dieses Planeten; denn unsere Produkte, unsere Lebensart und unsere Essgewohnheiten kolonialisieren die ganze Welt.
>
> *Oliviero Toscani, Die Werbung ist ein lächelndes Aas, Mannheim 1996, S. 167*

Situation
Erarbeitung
Zusatz
Forder

c)

> Man kann zwar alle Leute einige Zeit zum Narren halten und einige Leute allezeit. Aber alle Leute allezeit zum Narren halten, das kann man nicht.
>
> *Abraham Lincoln (1809–1865, 16. Präsident der USA)*

Zusatzaufgaben

1. Die Sortimentsstruktur eines Unternehmens kann hinsichtlich der Sortimentsbreite und Sortimentstiefe unterschieden werden. Erläutern Sie die zwei Begriffe anhand von konkreten Beispielen.

Sortimentsbreite	Sortimentstiefe

2. Vergleichen Sie die folgenden Unternehmen hinsichtlich Sortimentsbreite und Sortimentstiefe.

a) Kiosk

b) Lidl

c) Kaufland

d) Metzgerei Krüger e. K. (Spezialist für Lamm und Rind)

3. Jedes Sortiment wird durch verschiedene Dimensionen gekennzeichnet. Ordnen Sie den unten angeführten Maßnahmen eines Büromöbeleinzelhändlers die korrekten Sortimentsänderungen zu.

Maßnahmen	
a) Ein bisher angebotener Drehstuhl wird durch ein leicht verändertes Modell ersetzt.	
b) Aus der Produktgruppe Schreibtische wird ein aus Tropenhölzern gefertigtes Modell aufgrund des hohen Preises vom Markt nicht akzeptiert und aus dem Verkaufsangebot gestrichen.	
c) Der Einzelhändler nimmt zusätzlich einen Aktenvernichter in sein Verkaufsangebot auf.	
d) Die Produktgruppe Aktendrehschränke wird wegen zu geringer Verkaufszahlen komplett aus dem Angebotskatalog genommen.	
e) Aufgrund der guten Nachfrage wird die Hängeregistratur um eine noch platzsparendere Version ergänzt.	

Sortimentsänderung	
1	Änderung der Sortimentsbreite
2	Änderung der Sortimentstiefe
3	keine Änderung des Sortiments

Situation
Erarbeitung
Zusatz
Forder

4. Vervollständigen Sie die folgende Tabelle zu den Formen der Preisdifferenzierung.

Formen der Preisdifferenzierung	Erläuterung	Beispiele
	Die Preise unterscheiden sich an verschiedenen Orten.	
zeitlich		Sommer- und Winterpreise bei Ski, Badesachen
	Dasselbe Produkt wird mit unterschiedlicher Aufmachung zu unterschiedlichen Preisen angeboten.	
persönlich		Schüler -und Studententarife, Wiederverkäuferpreise, Mitarbeitertarife
	Die Preise werden nach den Absatzmengen gestaltet, d.h.es entsteht bei höheren Absatzmengen eine Kostendegression.	Staffelpreise bei Heizöl, Gruppentarife
verwendungsorientiert	Die Preise richten sich nach der Verwendung.	

5. Entscheiden Sie in folgenden Fällen, ob eine horizontale Diversifikation, vertikale Diversifikation oder laterale Diversifikation vorliegt.

Beispiel	Art der Diversivikation
a) Tchibo verkauft Kleidung.	
b) Ein Lebensmitteldiscounter verkauft PCs.	
c) Ein Autohersteller produziert auch Autoreifen.	
d) Ein Autohersteller gründet eine eigene Bank.	
e) Ein Autohersteller baut auch Fahrräder.	
f) Für den Autokauf wird die komplette Finanzierung angeboten.	

6. Kaum ein Produkt findet seinen Abnehmer von selbst. Viele Märkte sind bereits gesättigt, das heißt, die potenziellen Kunden können zwischen vielen Herstellern wählen oder es existiert nur noch wenig Bedarf, da dieser schon anderweitig gedeckt ist. Beschreiben Sie, was man in diesem Zusammenhang unter Absatzwerbung versteht.

....

....

....

7. In der Trendino Computer-Shop GmbH sollen neue Produkte in den Markt eingeführt werden. Mit welchen Begriffen können Sie das Absatzmarketing beschreiben? Geben Sie die richtige Lösung an.

a) Produkt-/Sortimentsgestaltung, Personalpolitik, Preispolitik ☐

b) Produkt-/Sortimentsgestaltung, Preispolitik, Werbung

c) Produkt-/Sortimentsgestaltung, Beschaffung, Personalpolitik

d) Personalpolitik, Werbung, Finanzierung

e) Beschaffung, Preispolitik, Werbung

8. Ordnen Sie die folgenden Beispiele zum Marketing-Mix den Marketing-Instrumenten zu.

Beispiele	
a) Der Preis für ein Produkt wird mit 9,99 € festgelegt.	
b) Ein Einzelhändler streicht ein Produkt aus seinem Programm.	
c) Die Post schließt in einer Stadt zehn Filialen.	
d) Der Einzelhändler stattet sein Geschäft mit neuen Einkaufswagen aus.	
e) Ein kleiner Fußballverein wird von einem ortsansässigen Einzelhandelsunternehmen gesponsert.	
f) Zahlungsbedingung: „Bei Zahlung innerhalb von zehn Tagen 3 % Skonto“.	
g) Die Tageszeitung berichtet über die Spende eines Unternehmers für die „Aktion Mensch“.	
h) Ein Sportartikelhersteller entschließt sich zu einem Fabrikverkauf.	
i) Ein Einzelhändler öffnet von Montag bis Freitag zwei Stunden länger.	
j) Ein Süßwarenhersteller stellt einen neuen Handlungsreisenden ein.	
k) Coca-Cola bringt ein neues Produkt auf den Markt: Kiwi-Cola.	
l) Ein Schüler erhält einen Kugelschreiber mit dem Aufdruck eines Einzelhandelsbetriebs.	
m) Die Verpackung von Zahnbürsten wird umweltfreundlicher gestaltet.	
n) Ein Schuhhersteller verkauft fast 50 % seiner Produktion über den Versandhandel.	
o) Ein Einzelhändler stellt seinen Kunden zusätzliche Schließfächer zur Verfügung.	
p) Die Parkflächen vor dem Einzelhandelsgeschäft werden um 10 % vergrößert.	

Marketing- Instrumente	
1	Sortimentspolitik
2	Servicepolitik
3	Preis- und Konditionenpolitik
4	Kommunikationspolitik
5	Distributionspolitik

9. Beurteilen Sie, ob die folgenden Aussagen zur Kommunikationspolitik richtig oder falsch sind. Korrigieren Sie die falschen Aussagen.

Aussage	richtig/falsch – Korrektur
a) Absatzwerbung ist eine Art von Vertrauenswerbung, die versucht, ein positives Image eines Unternehmens in der Öffentlichkeit aufzubauen.	
b) Sales Promotion ist ein anderes Wort für Sponsoring und unterstützt die Absatzwerbung eines Unternehmens. Typische Werbemittel sind beispielsweise Verkostungen oder Gutscheinaktionen.	
c) Product Placement versucht, das Image einer Filmfigur oder eines Schauspielers auf das Produkt zu übertragen. Ebenso nimmt die gezielte Platzierung von Markenprodukten in Musikvideos und Serien zu. Eine Imageveränderung oder -verbesserung soll zur Erhöhung des Absatzes beitragen.	

10. Ergänzen Sie folgenden Lückentext mit den nachfolgend aufgeführten Begriffen.

Absatzwerbung/Einzelhändler/Kommunikationspolitik/Mitarbeiter/Mitarbeiterzeitschrift/Öffentlichkeit/Öffentlichkeitsarbeit/ökonomischen Ziele/Pressekonferenzen/unternehmensextern

.... (Public Relations) ist ein Instrument der ...., mit dem der Einzelhändler sein Image in der .... wahren und verbessern möchte. Während die .... und die Verkaufsförderung die Ware in den Mittelpunkt stellen, steht hier der .... mit seinen Aktivitäten im Mittelpunkt. Public Relations kann sich an unterschiedlichen „Teilöffentlichkeiten" ausrichten, z. B. an Kunden, Lieferanten oder an den eigenen Mitarbeitern. Die Werbemaßnahmen der Öffentlichkeitsarbeit richten sich danach, ob sie unternehmensintern oder .... durchgeführt werden sollen. Möchte sich der Einzelhändler positiv in der Öffentlichkeit darstellen – also externe PR-Maßnahmen durchführen – wählt er möglicherweise ...., verkaufsoffene Sonntage oder Spendenaktionen als Maßnahme aus. Möchte der Einzelhändler vor allem das Wir-Gefühl seiner .... und deren Identifikation mit dem Unternehmen stärken, dann sind interne Aktionen wie eine ...., eine Mitarbeiterschulung, eine hauseigene Sportgruppe oder ein Mitarbeiterkindergarten interessante Möglichkeiten. Durch eine Verbesserung der Einstellung Dritter gegenüber dem Einzelhändler wird letztendlich das Erreichen der .... (z. B. Gewinnerhöhung) unterstützt. Besonders in wirtschaftlich schwierigen Situationen setzt der Einzelhändler die Öffentlichkeitsarbeit ein, um sein Ansehen zu erhöhen.

Situation
Erarbeitung
Zusatz
Forder

Forderaufgaben

1. Erläutern Sie, wodurch sich das Produkt von der Marke unterscheidet. Nutzen Sie zur Beantwortung der Frage folgende Textauszüge und recherchieren Sie im Internet.

Marken kennzeichnen Produkte und Dienstleistungen eines Unternehmens. Sie können für die Qualität eines Unternehmens stehen und zählen ebenso wie Patente zu dessen geistigem Eigentum. Starke Marken stellen einen Vermögenswert dar. Jeder kann eine Marke anmelden. Wörter, Buchstaben, Zahlen, Abbildungen, ja sogar Farben und akustische Signale können als Marke geschützt werden.

(www.dpma.de)

Markennamen geben dem ansonsten anonymen Produkt einen Namen und erhöhen dadurch die Unterscheidungsfähigkeit zu Produkten der gleichen Kategorie.

(www.markenlexikon.com)

Eine Marke ist gem. § 3 MarkenG ein Zeichen, das geeignet ist, die Ware oder Dienstleistung eines Unternehmens von denen eines anderen Unternehmens zu unterscheiden. Vor allem für große Unternehmen ist der Produktname ein zusätzliches und unerlässliches Mittel des Marketings. Die Möglichkeit, einen Produktnamen oder eine Dienstleistung als Marke registrieren zu lassen, ist dabei ein wirksames Mittel, um „Trittbrettfahrern", die sich den guten Ruf zu Nutze machen wollen, entgegenzutreten.

Bereits aus diese Überlegungen lassen sich die Funktionen einer Marke ableiten: Herkunftsfunktion, Garantie- und Gütefunktion, Vertrauensfunktion, Unterscheidungsfunktion, Individualisierungsfunktion.

(www.marken-recht.de)

Produkt	Marke

2. Nennen Sie mindestens fünf Markenprodukte aus dem Sortiment Ihres Ausbildungsbetriebs.

....

....

3. Viele Menschen identifizieren sich mit einer Marke. Überlegen Sie, welche Folgen dieses Verhalten hat.

....

....

....

4. Für den Verkaufserfolg ist es wichtig, denjenigen, die das Produkt kaufen sollen, zu vermitteln, worin die Einzigartigkeit und Unverwechselbarkeit gerade dieser Marke gegenüber der Konkurrenz am Markt besteht. Man spricht auch vom Alleinstellungsmerkmal. Entwickeln Sie für ein Produkt Ihrer Wahl nach dem unten genannten Muster ein einzigartiges Verkaufsargument.

Situation
Erarbeitung
Zusatz
Forder

Fragen zum Alleinstellungsmerkmal	Muster	selbstgewähltes Produkt
Produktname	Waschmittel X	
Konkurrenzprodukt	Waschmittel Y	
einzigartiger Nutzen	höchste Reinheit bei niedrigen Temperaturen und einfachster Anwendung	
überzeugende Gründe	Energieeinsparung, Kostenreduktion, Kraftreserve	

5. Die duale Berufsausbildung bietet Ihnen den Vorteil, dass Sie sowohl im Betrieb als auch in der Schule ausgebildet werden. Entwickeln Sie für Ihre Schule und Ihren Ausbildungsbetrieb das jeweilige Alleinstellungsmerkmal, also das, was Ihre Schule und Ihren Ausbildungsbetrieb besonders auszeichnet.

Fragen zum Alleinstellungsmerkmal	Antworten zum Alleinstellungsmerkmal für ...	
	Schule	Ausbildungsbetrieb

6. Erfinden Sie das Produkt der Zukunft oder verändern Sie ein bestehendes. Ihre Zielgruppe sind Jugendliche. Schreiben Sie einen Werbetext, maximal eine A4-Seite lang. Beschreiben Sie Ihr Produkt:

- Warum ist es neu und innovativ?
- Wie befriedigt es die Bedürfnisse der Kunden?
- Welches Alleinstellungsmerkmal erfüllt Ihr Produkt bzw. welche Vorzüge weist Ihr Produkt auf?

Recherchieren Sie dazu Erfolgsgeschichten von bekannten Produkten. Was ist ausschlaggebend für den Erfolg?

....

....

....

....

....

Situation
Erarbeitung
Zusatz
Forder

7. Erstellen Sie einen Plan, wie Sie für Ihr ausgewähltes Produkt als Marke werben wollen. Beachten Sie dabei folgende Schrittfolgen:
   - Welche Zielgruppen möchten Sie ansprechen? Was wollen Sie mit Ihrer Werbung erreichen?
   - Welche Werbemittel wählen Sie aus, damit Sie die Zielgruppen am besten ansprechen können (z. B. Prospekt, Flyer, Broschüre, Anzeige, Werbespot im Radio oder TV, Werbebanner, Webesites, Kurzfilm)?
   - Welche Werbebotschaft soll Ihre Werbung vermitteln?
   - Wie viel Geld benötigen Sie bzw. steht Ihnen für Ihre Werbung zur Verfügung?
   - Wann und wo wollen Sie werben?

   Erstellen Sie einen Arbeitsplan und legen Sie fest, wer was bis wann macht, um die Werbemaßnahme umsetzen zu können.

12.4 Einsatz der Marketinginstrumente

Erarbeitungsaufgaben

1. Geben Sie an, was man unter dem Marketing-Mix versteht. ☐
   a) Kommunikationsstrategie des Unternehmens
   b) Unternehmensphilosophie plus Bekanntheitsgrad
   c) multikulturelles Marketing
   d) Bündel an Marketingmaßnahmen

2. Geben Sie an, was nicht dem Marketing-Mix zugeordnet wird. ☐
   a) Produktpolitik
   b) Marketing-Controlling
   c) Distributionspolitik
   d) Preispolitik

3. Geben Sie an, welche der genannten Möglichkeiten nicht zum Direktmarketing gehört. ☐
   a) Werbebanner im Internet
   b) Anrufe bei Kunden
   c) Werbe-E-Mails
   d) Werbebriefe

4. Beschreiben Sie, wie Ihr Ausbildungsbetrieb das Kaufverhalten seiner Kunden beeinflusst.

   ....

   ....

   ....

5. Nennen Sie die Marketingmaßnahmen, die Ihr Betrieb durchführt, um den Kunden bestimmte Produkte näher zu bringen.

   ....

   ....

   ....

   ....

550684

Situation
Erarbeitung
Zusatz
Forder

6. Stellen Sie fest, auf welche der absatzpolitischen Instrumente die nachfolgenden Aussagen zutreffen.

Aussage	
a) Dem örtlichen Fußballverein werden zehn Trikot-Sätze mit dem Logo des Unternehmens zur Verfügung gestellt.	
b) Das Produkt wird auch durch Handelsvertreter vertrieben.	
c) Die Informationen für den Verbraucher werden verstärkt.	
d) Das Unternehmen veranstaltet ein Preisausschreiben.	
e) Ein Artikel wird aufgrund fortgeschrittener Technik verändert.	
f) Ein Produkt wird wegen geringer Absatzzahlen vom Markt genommen.	
g) Das Sortiment wird ab sofort in eigenen Niederlassungen verkauft.	
h) Das Unternehmen beteiligt sich an einer Messe.	
i) Die Rabattsätze für die Abnehmer werden nach der Abnahmemenge gestaffelt	
j) Die Verpackung eins Produkts erhält einen neuen Schriftzug.	

Instrumente der Absatzpolitik	
1	Distributionspolitik
2	Preispolitik
3	Produkt- und Sortimentspolitik
4	Kommunikationspolitik

Zusatzaufgaben

1. Erklären Sie, welchen Zweck Marketingkonzepte haben.

2. Unterscheiden Sie das traditionelle und das moderne Marketingkonzept.

traditionelles Marketingkonzept	modernes Marketingkonzept

3. Erläutern Sie den Begriff Marketing-Mix.

4. Beschreiben Sie Planung, Durchführung und Kontrolle des optimalen Marketing-Mix.

Situation
Erarbeitung
Zusatz
Forder

5. Schildern Sie, welche Möglichkeiten Ihr Ausbildungsbetrieb nutzt, um zielgerichtet das Einkaufsverhalten seiner Kunden zu beeinflussen.

12.5 Kundenbindungsmanagement

Erarbeitungsaufgaben

1. Kreuzen Sie an, welcher dieser Begriffe auf ein CRM-System am ehesten zutrifft.

a) Buchhaltungssystem ☐

b) Kommunikationsstrategie für den Außendienst ☐

c) Software zur Kundendatenverwaltung ☐

d) Kundenbeziehungsmanagement ☐

2. Legen Sie dar, warum die klassische Werbung oftmals nicht mehr ausreicht, um die Kunden zu erreichen.

3. Der Verlust von Kunden bedeutet für den Einzelhändler auch immer einen Umsatzverlust. Einen neuen Kunden zu gewinnen, kostet viel mehr als bestehende Kunden zu halten. Deshalb setzt der Einzelhändler nicht nur die klassische Absatzwerbung ein, sondern nutzt auch Maßnahmen zur Kundenbindung.

a) Nennen Sie Beispiele für Möglichkeiten der Kundenbindung.

b) Erläutern Sie ein Beispiel Ihrer Wahl umfassend.

4. Beschreiben Sie die Möglichkeiten der Kundenbindung, die Ihr Ausbildungsbetrieb seinen Kunden anbietet.

5. Beschreiben Sie die Umsetzung des Customer Relationship Managements in Ihrem Ausbildungsbetrieb.

6. Besorgen Sie sich von verschiedenen Einzelhandelsunternehmen Antragsformulare für Kundenkarten.

a) Vergleichen Sie in Vierergruppen die jeweiligen Formulare und beantworten Sie folgende Fragen:

- Welche Daten werden erfasst?
- Welche Gemeinsamkeiten und Unterschiede weisen die jeweiligen Antragsformulare auf?
- Welche Vorteile bieten die Kundenkarten?
- Kann mit der Kundenkarte nur in dem jeweiligen Geschäft eingekauft werden?
- Was passiert bei Verlust der Kundenkarte?
- Können die Kundenkarten auch von anderen Personen genutzt werden?
- Haben die Kundenkarten eine Kreditfunktion?
- Erhält jeder eine solche Kundenkarte?

b) Präsentieren Sie Ihre Ergebnisse vor der Klasse.

7. Bringen Sie mindestens drei Kundenzeitschriften verschiedener Einzelhandelsunternehmen zum Unterricht mit.

Situation
Erarbeitung
Zusatz
Forder

a) Vergleichen Sie die Kundenzeitschriften und ergründen Sie das Verhältnis vom redaktionellen Teil (Information) und Werbung.

....

b) Nennen Sie die wichtigsten Informationen, die dem Kunden geboten werden.

....

....

c) Beurteilen Sie, wie ansprechend das jeweilige Layout der Kundenzeitschrift gestaltet ist.

....

....

d) Prüfen Sie, wie der Kunde unterhalten wird.

....

Zusatzaufgaben

1. Erläutern Sie, welche Ziele der Einzelhändler mit dem Customer Relationship Management verfolgt.

....

....

....

....

2. Ordnen Sie die dargestellten Vorteile und Nachteile den einzelnen Möglichkeiten der Kundenbindung zu. Mehrfachnennungen sind möglich.

Vorteile:

- attraktive Waren- oder Serviceangebote
- großer Streukreis
- hohe Kundenbindung
- informativ
- keine Adressatenauswahl notwendig
- kostengünstig
- Kunden kaufen häufiger
- persönliche Ansprache des Kunden
- schnell

Nachteile:

- aufwendig
- Differenzierung nach den unterschiedlichen Konsumentenansprüchen schwierig
- E-Mail-Adressen bzw. Handynummern erforderlich
- geringe Wertigkeit beim Kunden
- hohe Kosten
- nur mit Einwilligung des Verbrauchers erlaubt
- regelmäßige Datenpflege erforderlich
- Überwachung und Auswertung der Konsumgewohnheiten des Kunden möglich

Kundenbindungsmöglichkeiten	Vorteile	Nachteile
persönliche Briefe		
Postwurfsendungen		

Kundenbindungs-möglichkeiten	Vorteile	Nachteile
Newsletter/E-Mails/SMS		
Kundenkarten		
Kundenklubs		
Kundenzeit-schriften		
Couponing		

Forderaufgaben

1. Eine wichtige Zielgruppe für die Werbebranche sind Kinder. Kindermarketing wird immer raffinierter betrieben.

a) Schreiben Sie auf, welche Beispiele Ihnen einfallen, bei denen sowohl die Industrie als auch der Handel versuchen, diese Zielgruppe für sich zu gewinnen.

....

....

....

....

....

....

....

....

....

....

Situation
Erarbeitung
Zusatz
Forder

b) Nennen Sie Vor- und Nachteile, die eine solche zielgerichtete Beeinflussung der Kinder mit sich bringen kann. Diskutieren Sie diese Entwicklung in der Klasse.

Vorteile	Nachteile

2. Lesen Sie den Auszug aus den Nachrichten und beurteilen Sie die Rechtslage aus der Sicht der Kunden.

Werbung mit Nutzen für Gesundheit muss stimmen

Verbraucher dürfen ab heute nicht mehr mit fragwürdigen Angaben zu angeblich gesunden Lebensmitteln gelockt werden: Die Übergangsfrist für nicht zugelassene gesundheitsbezogene Angaben (auf englisch Health Claims) ist abgelaufen. Damit darf nur noch mit gesundheitsbezogenen Angaben geworben werden, die zuvor ein strenges Zulassungsverfahren durchlaufen haben. „Gut fürs Immunsystem“ – von diesem Slogan musste sich zum Beispiel ein sogenannter probiotischer Joghurt verabschieden, da die Behauptung sich nicht bewahrheitete.

(www.tagesschau.de, 15.12.2012)

3. Eine Schwarzkopie der neuesten Software, ein kostenloses Download der Lieder Ihrer Lieblingssängerin – der Schwarzmarkt boomt. Führen Sie als Gruppe ein Streitgespräch zu diesem Konsumentenverhalten. Diskutieren Sie zunächst in Kleingruppen (maximal vier Personen), welche Vor- und Nachteile ein derartiges Kaufverhalten für Kunden, Unternehmen und Staat hat. Formulieren Sie danach als Gruppenergebnis Ihre Standpunkte.

550690

13 Personaleinsatz planen und Mitarbeiter führen

Lernsituation 1: Personalplanung für das nächste Jahr

Situation

Bernd Tigges ist bei der Modehaus Müller GmbH für Personalfragen zuständig. Er plant den Personalbedarf für das nächste Kalenderjahr. Die Auszubildende Lena Sievers ist ihm bei der Planung behilflich.

Die Modehaus Müller GmbH erwirtschaftet einen Umsatz in Höhe von 28 Mio. €. Für das nächste Jahr ist geplant, dass der Umsatz um 2 Mio. € auf 30 Mio. € steigt. Derzeit beschäftigt das Unternehmen 56 Mitarbeiter. Im nächsten Jahr schätzt das Modehaus den Personalbedarf auf 60 Mitarbeiter.

Herr Tigges hat bereits zwei Mitarbeiter für das neue Jahr eingestellt. Außerdem soll ein Auszubildender in Vollzeit übernommen werden. Weiterhin werden zwei Mitarbeiter in den Ruhestand gehen und drei Mitarbeiter das Unternehmen verlassen, da sie zu einem anderen Unternehmen wechseln. Ein weiterer Mitarbeiter fällt ein Jahr wegen Krankheit aus und zwei Mitarbeiterinnen gehen in Elternzeit. Des Weiteren möchten zwei Vollzeitkräfte nur noch als Teilzeitkräfte arbeiten.

Material

Stellenart	jetziger Planstellenbestand	Brutto-Personalbedarf	Differenz
Geschäftsführer/in	2	2	0
Abteilungsleiter/in	4	4	0
Substitut/in	4	4	0
ausführende Mitarbeiter/innen (z. B. Verkäufer/innen, usw.)	46	50	4
Summe	56	60	4

M1 Stellenplan der Modehaus Müller GmbH

Arbeitsaufträge zur Lernsituation 1

1. Beschreiben Sie den Stellenplan des Modehauses Müller (vgl. M1).

....

....

....

....

....

Situation
Erarbeitung
Zusatz
Forder

2. In den ersten Stunden in der Personalabteilung hat Lena Sievers viele Fachbegriffe gehört. Nun versucht sie, sich diese zu erklären. Ordnen Sie folgenden Begriffen die richtige Definition zu, indem Sie die entsprechenden Ziffern einfügen.

	Begriffe der Personalwirtschaft
1	Brutto-Personalbedarf
2	Kennzahlenmethode
3	Netto-Personalbedarf
4	Personalbedarf
5	Personalüberdeckung
6	Personalunterdeckung
7	Stellenplanmethode

	Definition
	Bei dieser Methode wird der Personalbedarf mithilfe von betrieblichen Kennzahlen (z. B. Umsatz, Gewinn, Eigenkapital oder Fremdkapital) berechnet.
	Nachdem alle personellen Veränderungen in einem Unternehmen berücksichtigt sind, zeigt diese Bedarfsgröße an, ob Mitarbeiter zusätzlich eingestellt oder entlassen werden müssen.
	Dieser Bedarf ist die Anzahl von Mitarbeitern, die zur Erreichung der Unternehmensziele benötigt werden.
	Das Ergebnis der Berechnung des Netto-Personalbedarfs ist negativ, d. h. das Unternehmen hat zurzeit zu wenig Mitarbeiter und muss Personal einstellen.
	Das Ergebnis der Berechnung des Netto-Personalbedarfs ist positiv, d. h. das Unternehmen hat momentan zu viele Mitarbeiter beschäftigt und muss Personal abbauen.
	Diese Bedarfsgröße beziffert im Stellenplan die zukünftige Mitarbeiterzahl.
	Aus dem Stellenplan ergibt sich die Anzahl der benötigten Stellen (Brutto-Personalbedarf). Die Stellenanzahl wird mit der tatsächlichen Mitarbeiterzahl verglichen. Die Differenz ergibt den Netto-Personalbedarf.

3. In der Berufsschule wird gerade das Thema Personalbedarfsplanung behandelt. Lena Sievers erhält die Aufgabe, sich über die verschiedenen Arten des Personalbedarfs zu informieren. Im Betrieb bespricht sie die Aufgabe mit Herrn Tigges. Der meint, sie solle im Rahmen der aktuellen Personalbedarfsplanung den bekannten Personalabgängen die Arten des Personalbedarfs zuordnen.

a) Erfassen Sie in der folgenden Tabelle die Gründe für die bekannten Personalabgänge. Entscheiden Sie jeweils, um welche Art des Personalbedarfs es sich handelt. Kreuzen Sie die richtige Art des Personalbedarfs an.

Bekannte Personalabgänge	Ersatzbedarf	Reservebedarf	Neubedarf

b) Begründen Sie, welche Art des Personalbedarfs bei der Erhöhung des Personalbedarfs von 56 auf 60 Mitarbeiter vorliegt.

....

4. Ermitteln Sie mithilfe des Schemas den Brutto-Personalbedarf der Modehaus Müller GmbH.

Berechnung des Brutto-Personalbedarfs		
	jetziger Planstellenbestand	
+	neue Planstellen	
–	wegfallende Planstellen	
=	Brutto-Personalbedarf	

5. Berechnen Sie mithilfe des Schemas den Netto-Personalbedarf des Modehauses Müller für das nächste Kalenderjahr.

Berechnung des Netto-Personalbedarfs		
	jetziger Personalbestand	
–	Brutto-Personalbedarf	
–	bekannte Personalabgänge: Ruhestand Unternehmenswechsel Krankheit Elternzeit Umwandlung Vollzeit in Teilzeit (1 Vollzeitstelle = 2 Teilzeitstellen)	
+	schon feststehende Personalzugänge bereits eingestellte Mitarbeiter Übernahme Azubi	
=	Netto-Personalbedarf (Personalüberdeckung oder Personalunterdeckung)	

6. Lena Sievers denkt noch einmal über die Höhe des Umsatzes dieses Jahres und die Umsatzvorgabe für das nächste Jahr nach. Sie erinnert sich, dass Herr Tigges gesagt hat, der Umsatz pro Mitarbeiter solle für beide Jahre gleich hoch sein.

a) Errechnen Sie mithilfe der folgenden Berechnungstabelle den Umsatz pro Mitarbeiter im laufenden Jahr sowie die notwendige Anzahl der Mitarbeiter für das nächste Jahr. Ergänzen Sie zunächst alle Angaben, die Ihnen bekannt sind.

	dieses Jahr	nächstes Jahr
Umsatz in €		
Anzahl der Mitarbeiter		
Umsatz pro Mitarbeiter in €		

b) Überprüfen Sie die Aussage von Herrn Tigges.

....

....

....

7. Nun beschäftigt sich Lena Sievers mit den Arten von Mitarbeitern, die es in der Modehaus Müller GmbH gibt.

a) Finden Sie heraus, welche Arten von Mitarbeitern nach der Beschäftigung unterschieden werden können.

Fortsetzung siehe folgende Seite

Situation
Erarbeitung
Zusatz
Forder

Arten von Mitarbeitern nach der Beschäftigung	Erläuterung

b) Überlegen Sie, welche Arten von Mitarbeitern den Personalbedarf des Modehauses Müller ebenfalls decken könnten, wenn keine neuen Mitarbeiter dauerhaft eingestellt werden sollen.

....

....

c) Welche Arten von Mitarbeitern kommen in Ihren Ausbildungsbetrieben vor?

....

....

Lernsituation 2: Auswahl und Einstellung neuer Mitarbeiter

Situation

Das Modehaus Müller benötigt für die Abteilung Damen eine neue Verkäuferin. Herr Tigges, zuständig für Personalangelegenheiten im Modehaus Müller, macht sich umgehend an die Arbeit. Zur Unterstützung steht ihm die Auszubildende Lena Sievers zur Seite.

Situation
Erarbeitung
Zusatz
Forder

Material

Personalanforderung — Modehaus Müller

anfordernde Abteilung	Abteilung Damen
Bezeichnung der Tätigkeit	Verkäufer/-in
Aufgaben der Stelle	- Beratung und Verkauf von Damentextilien - Bedienung der Kasse - verkaufsfördernde Präsentation der Ware - Mitverantwortung für ein ansprechendes und sauberes Bild der Abteilung
notwendige Anforderungen	- Ausbildung zum/zur Kaufmann/-frau im Einzelhandel - mehrjährige Erfahrung im Verkauf von Damentextilien - Erfahrung im Umgang mit Kassensystemen - Teamfähigkeit, Flexibilität
wünschenswerte Anforderungen	——
Neu-, Ersatz-, Reservebedarf	Ersatzbedarf für Gerda Froloff
wöchentliche Arbeitszeit	38 Stunden
anfordernde/-r Vorgesetzte/-r	Datum 7. Sept. 20.. Unterschrift Donop
einverstanden; Geschäftsführung	Datum Unterschrift

M1 Personalanforderung der Modehaus Müller GmbH

Arbeitsaufträge zur Lernsituation 2

1. Erläutern Sie die Notwendigkeit einer Personalanforderung.

....

....

....

2. Sucht ein Unternehmen nach neuen Mitarbeitern, unterscheidet man die innerbetriebliche (interne) von der außerbetrieblichen (externen) Personalbeschaffung. Nennen und erläutern Sie Möglichkeiten der internen und externen Personalbeschaffung.

Möglichkeiten der innerbetrieblichen (internen) Personalbeschaffung	Möglichkeiten der außerbetrieblichen (externen) Personalbeschaffung

Situation
Erarbeitung
Zusatz
Forder

3. Erstellen Sie für das Modehaus Müller eine Stellenanzeige mithilfe der oben genannten Personalanforderung.

4. Beschreiben Sie, welcher Qualifikationsgruppe ein/e Verkäufer/-in der Abteilung Damen zuzuordnen ist.

....

....

....

....

....

5. Aufgrund der vom Modehaus Müller geschalteten Stellenanzeige gehen nachfolgende Bewerbungen ein. Analysieren Sie die Bewerbungsunterlagen und wählen Sie mithilfe der Nutzwertanalyse (vgl. BN 5501, LF 6, Kap. 6.4.2) die für das Modehaus Müller geeigneten Bewerber aus. Entscheiden Sie, wer von den Bewerbern im Bewerbungsprozess verbleiben soll.

a) Legen Sie Ihre Kriterien für die Bewertung fest. Die Wahl der Kriterien kann sich an den geforderten Voraussetzungen aus der Stellenanzeige bzw. der Personalanforderung orientieren.

b) Gewichten Sie Ihre Kriterien entsprechend ihrer Bedeutung. Die Summe der einzelnen Gewichtungen muss 100 ergeben.

c) Vergeben Sie Punkte für die Bewertung der Bewerber nach dem jeweiligen Kriterium. Die Bewertung reicht von 0 Punkten (Kriterium nicht erfüllt) bis 4 Punkte (Kriterium hervorragend erfüllt).

d) Multiplizieren Sie die Gewichtung mit der Bewertung (G · P).

e) Addieren Sie die Punktzahl der Bewerber. Die Bewerber mit der höchsten Punktzahl sollten dann im Bewerbungsprozess verbleiben.

Anette Gartenbruch
Bahnhofstr. 87
Neustadt

Neustadt, ...

Modehaus Müller
Herr Tigges
Hauptstr. 199
99000 Altstadt

Ihr Jobangebot „Verkäuferin in der Abteilung Damen“

Sehr geehrter Herr Tigges,

bezugnehmend auf unser Telefonat bewerbe ich mich um die Stelle als Verkäuferin in der Abteilung Damen in Ihrem Unternehmen.

Nachdem ich die Realschule in Neustadt mit der Fachoberschulreife abgeschlossen habe, begann ich meine Ausbildung zur Kauffrau im Einzelhandel bei Karstadt. Diese beendete ich 1995 mit gutem Erfolg.

Während meiner Ausbildung stellte ich zügig fest, dass der Umgang mit Kunden eine meiner größten Stärken ist. Des Weiteren gehörten die Anwendung des Warenwirtschaftssystems sowie Warenpflege und Warenpräsentation, die Warenannahme und die Kassierertätigkeit zu meinen täglichen Aufgaben.

Durch meine langjährigen Tätigkeiten im Bekleidungseinzelhandel habe ich umfangreiche Erfahrungen im Verkauf von Damentextilien gesammelt. Alle Anforderungen wie die fachlichen Qualifikationen, Flexibilität und Teamfähigkeit sowie Begeisterung für Mode bringe ich mit.

Aufgrund der Insolvenz meines letzten Arbeitgebers (Modeboutique Madame) möchte ich mich nun gern in Ihrem Unternehmen beweisen.

Lernen Sie mich in einem persönlichen Gespräch kennen und überzeugen Sie sich selbst.

Mit freundlichen Grüßen
Anette Gartenbruch

Lebenslauf

Persönliche Daten	
Vor- und Nachname	Anette Gartenbruch
Anschrift	Bahnhofstr. 87
	Neustadt
Telefon	98221
Geburtsdatum	17.04.1976
Geburtsort	Neustadt
Staatsangehörigkeit	deutsch
Familienstand	geschieden, 2 Kinder
Berufspraxis	
2008 – heute	Elternzeit
2007 – 2008	Modeboutique Madame als Verkäuferin
2004 – 2007	Elternzeit
1995 – 2004	Karstadt, Verkäuferin in der Damenabteilung
Berufsausbildung	
1992 – 1995	Karstadt, Ausbildung zur Kauffrau im Einzelhandel (Note: gut)
Schulausbildung	
1986 – 1992	Realschule Neustadt (Fachoberschulreife mit Q Vermerk, Note: 2,0)
1982 – 1986	Grundschule Neustadt
Zusatzqualifikationen	
Fremdsprachen:	Englisch, Französisch
PC-Kenntnisse:	Warenwirtschaftssystem FuturERS
Persönliche Interessen	
Hobbies:	lesen, schwimmen

Neustadt,
Anette Gartenbruch

Rebecca Franwer
Grünwaldstr. 56
Neustadt

Neustadt, ...

Modehaus Müller
Herr Tigges
Hauptstr. 199
99000 Altstadt

Bewerbung um eine Stelle als Verkäuferin in der Abteilung Damen

Sehr geehrte Damen und Herren,

mit großem Interesse habe ich Ihre Stellenanzeige im Neustädter Anzeiger gelesen. Hiermit bewerbe ich mich auf diese Stelle.

Nachdem ich die Hauptschule in Neustadt erfolgreich abgeschlossen habe, bin ich im Einzelhandel tätig geworden. Ich habe eine Ausbildung zur Einzelhandelskauffrau im Neustädter Supermarkt absolviert. Nach der Ausbildung bin ich in einem Angestelltenverhältnis übernommen worden.

Während meiner Ausbildung durchlief ich alle Abteilungen des Supermarktes. Derzeit bin ich in der Gemüseabteilung tätig.

Ich habe besonderen Spaß an der Beratung von Kunden und denke, dass ich diese Freude vorteilhaft in Ihrem Unternehmen einbringen kann.

Über eine Einladung zu einem Gespräch würde ich mich sehr freuen.

Mit freundlichen Grüßen
Rebecca Franwer

Lebenslauf

Persönliche Daten

Vor- und Nachname	Rebecca Franwer
Anschrift	Grünwaldstr. 56 Neustadt
Telefon	77 66
E-Mail	r.franwer@internet.de
Geburtsdatum	05.03.1992
Geburtsort	Neustadt
Staatsangehörigkeit	deutsch
Familienstand	ledig

Berufspraxis

2010 – heute	Angestellte im Neustädter Supermarkt

Berufsausbildung

2007 – 2010	Ausbildung zur Einzelhandelskauffrau im Neustädter Supermarkt (Note: gut)

Schulausbildung

2001 – 2007	Hauptschule Neustadt (Realschulabschluss, Note: 2,5)
1997 – 2001	Grundschule Neustadt

Zusatzqualifikationen
10-Finger-Tastschreiben

Persönliche Interessen

Hobbies:	lesen, Musik hören

Neustadt,
Rebecca Franwer

Berta Becker
Ritterstr. 63a
Neustadt

Neustadt, ...

Modehaus Müller
Herr Tigges
Hauptstr. 199
99000 Altstadt

Ihr Stellenangebot Verkäuferin in der Abteilung Damen

Sehr geehrter Herr Tigges,

im Neustädter Anzeiger habe ich Ihre Stellenanzeige gelesen. Deshalb bewerbe ich mich bei Ihnen.

Nach meiner Schulzeit habe ich eine Ausbildung zur Friseurin absolviert. Nach der Geburt meiner Kinder war ich zunächst in Elternzeit und anschließend als Hausfrau tätig.

1988 entschloss ich mich zu einem beruflichen Neuanfang und arbeite seitdem als Verkäuferin bei „Haushaltswaren Schröder". Nun möchte ich mich gern weiter entwickeln und sehe Ihre angebotene Stelle als hervorragende Möglichkeit für mich.

Gern stehe ich für ein persönliches Gespräch mit Ihnen zur Verfügung.

Mit freundlichen Grüßen
Berta Becker

Lebenslauf

Persönliche Daten	
Vor- und Nachname	Berta Becker
Anschrift	Ritterstr. 63a Neustadt
Telefon	261
Geburtsdatum	27.11.1955
Geburtsort	Neustadt
Staatsangehörigkeit	deutsch
Familienstand	verheiratet, 2 Kinder
Berufspraxis	
1988 – heute	Verkäuferin Haushaltswaren Schröder
1975 – 1988	Elternzeit und Hausfrau
Berufsausbildung	
1972 – 1975	Ausbildung zur Friseurin
Schulausbildung	
1966 – 1972	Realschule Neustadt (Realschulabschluss, Note: 2,8)
1962 – 1966	Grundschule Neustadt
Zusatzqualifikationen	
Sprachkenntnisse Englisch	
Persönliche Interessen	
Hobbies:	Singen (Gemischter Chor Neustadt)

Neustadt,
Berta Becker

Susanne Jungwart
Gebirgsstr. 7
Neustadt

Neustadt, ...

Modehaus Müller
Herr Tigges
Hauptstr. 199
99000 Altstadt

Bewerbung als Verkäuferin in der Abteilung Damen

Sehr geehrter Herr Tigges,

mit großem Interesse habe ich Ihre Stellenanzeige im Neustädter Anzeiger gelesen. Deshalb bewerbe ich mich hiermit für die ausgeschriebene Stelle als Verkäuferin.

Nach der Schule habe ich eine Ausbildung zur Bürokauffrau absolviert. Im Anschluss an die Ausbildung wurde ich in einem Angestelltenverhältnis übernommen. Während dieser Zeit hatte ich viel mit Kunden zu tun. Aufgrund von Rationalisierungsmaßnahmen verließ ich dann später das Unternehmen. Beruflich habe ich dann eine neue Herausforderung angenommen. Ich erhielt eine Anstellung im Hotel Burg Neustadt. Als Servicekraft konnte ich meine Kundenorientierung und Kontaktfähigkeit unter Beweis stellen.

Nachdem ich Ihre Stellenanzeige gelesen habe war mir klar, dass ich diese Fähigkeiten sehr gut in Ihrem Unternehmen einbringen und erfolgreich arbeiten kann.

Über eine Einladung zu einem Vorstellungsgespräch würde ich mich sehr freuen.

Mit freundlichen Grüßen
Susanne Jungwart

Lebenslauf

Persönliche Daten

Vor- und Nachname	Susanne Jungwart
Anschrift	Gebirgsstr. 7 Neustadt
Telefon	998877
E-Mail	susannejungwart@internet.de
Geburtsdatum	18.09.1972
Geburtsort	Neustadt
Staatsangehörigkeit	deutsch
Familienstand	geschieden

Berufspraxis

2008 – heute	Servicekraft Hotel Burg Neustadt
1992 – 2008	Bürokauffrau (Spanplatten Koch)

Berufsausbildung

1989 – 1992	Ausbildung zur Bürokauffrau

Schulausbildung

1983 – 1989	Gymnasium Neustadt (Realschulabschluss, Note: 3,2)
1979 – 1983	Grundschule Neustadt

Zusatzqualifikationen

Sprachkenntnisse Englisch

Persönliche Interessen

Hobbies:	Basteln

Neustadt,
Susanne Jungwart

Kriterium	Gewichtung (G)	Anette Gartenbruch		Rebecca Franwer		Berta Becker		Susanne Jungwart	
		Bewertung (Punkte = P)	Punktzahl (G · P)	Bewertung (Punkte = P)	Punktzahl (G · P)	Bewertung (Punkte = P)	Punktzahl (G · P)	Bewertung (Punkte = P)	Punktzahl (G · P)
Summe	100								

f) Geben Sie an und begründen Sie, welche Bewerberinnen Herr Tigges zum Vorstellungsgespräch einladen sollte.

....

....

....

....

....

....

Situation
Erarbeitung
Zusatz
Forder

13.1 Aufgaben und Ziele der Personalwirtschaft

Erarbeitungsaufgaben

1. Erläutern Sie, warum ein Einzelhandelsunternehmen die Personalwirtschaft benötigt.

2. Die Personalwirtschaft verfolgt sowohl wirtschaftliche Ziele als auch soziale Ziele. Beschreiben Sie einen möglichen Zielkonflikt.

3. „Durch die zunehmende Technisierung unserer Arbeitswelt wird immer weniger Personal benötigt. Auch der Einzelhandel kann eines Tages ganz auf Personal verzichten." Nehmen Sie Stellung zu dieser Behauptung.

4. Ordnen Sie die Aufgaben der Personalwirtschaft folgenden Arbeiten zu. Tragen Sie die richtige Ziffer ein.

(1) Personalentlohnung
(2) Personalentwicklung
(3) Personalbedarfsplanung
(4) Personaleinsatzplanung
(5) Personalführung
(6) Personalbeschaffung
(7) Personalfreisetzung
(8) Personalbetreuung
(9) Personalverwaltung
(10) Personalbeurteilung

	Lösung
a) Anpassung des tatsächlichen Personalbestands an den Sollbestand	
b) Erstellung der Personalstatistik und Führung der Personalakte	
c) Verbesserung der Gesundheit der Mitarbeiter	
d) Förderung der Entwicklung der Mitarbeiter	
e) Abbau von Mitarbeitern	
f) Schätzung des zukünftigen Personalbedarfs	

Zusatzaufgaben

1. Ordnen Sie die Aufgaben der Personalwirtschaft den richtigen Erklärungen zu, indem Sie die entsprechenden Ziffern eintragen.

	Aufgaben der Personalwirtschaft
1	Personal-bedarfsplanung
2	Personalbeschaffung
3	Personalbetreuung
4	Personalbeurteilung
5	Personal-einsatzplanung
6	Personalentlohnung
7	Personalentwicklung
8	Personalfreisetzung
9	Personalführung
10	Personalverwaltung

	Erklärung
	… nimmt die Verteilung der Mitarbeiter auf die verschiedenen Arbeitsplätze vor. Dabei werden die Anforderungen der Stelle sowie die quantitativen, zeitlichen und örtlichen Anforderungen des Unternehmens, aber auch die Neigungen und Interessen der Mitarbeiter berücksichtigt. Weitere zu beachtende Rahmenbedingungen sind z. B. die Arbeitssicherheit und die Arbeitsplatzgestaltung.
	… hilft dabei, den tatsächlichen Personalbestand einem höheren Sollbestand anzupassen.
	… bündelt sämtliche Verwaltungsbereiche, die den Mitarbeiter betreffen. Zentrale Bereiche sind z. B. die Personalstatistik und die Personalakte.
	… umfasst in erster Linie die Berechnung der Löhne und Gehälter der Mitarbeiter sowie die Erstellung der Gehaltsabrechnungen.
	… sorgt dafür, dass die Gesundheit der Mitarbeiter verbessert und die betriebliche Leistungsfähigkeit optimiert wird. Das kann ein Unternehmen durch vorbeugende Maßnahmen erreichen, wie z. B. Sportangebote, Raucherentwöhnungsprogramme oder Ernährungsberatung.
	… hilft bei der Aufgabe, die Leistungen der Mitarbeiter einzuschätzen. Die Gründe dafür sind: optimaler Einsatz der Mitarbeiter, Basis für eine leistungsorientierte Bezahlung, Erkennen von Personalentwicklungsbedarf, Steigerung der Motivation der Mitarbeiter durch Rückmeldung (Feedback) und Grundlage für ein Arbeitszeugnis.
	… ist für die Gewinnung von Personal verantwortlich, nachdem ein Unternehmen einen Personalbedarf festgestellt hat.
	… beinhaltet als weitere Tätigkeiten auch die Entwicklung gerechter Entlohnungsmöglichkeiten (Zeitlohn oder Leistungslohn) und die Ermittlung der Personalkosten.
	… orientiert sich am Unternehmensleitbild. Die Vorgesetzten sollen zur Erreichung der Unternehmensziele das Leistungsverhalten und die Handlungsweise der Mitarbeiter positiv beeinflussen. Entscheidend für das Verhältnis zwischen Vorgesetzten und unterstelltem Mitarbeiter ist der Führungsstil.
	… hat zum Ziel, den Mitarbeitern die Qualifikationen zu vermitteln, die sie zur bestmöglichen Wahrnehmung ihrer jetzigen und zukünftigen Aufgaben benötigen.
	… hilft dabei, abzuschätzen, wie groß der Personalbedarf in Zukunft sein wird, um die Unternehmensziele zu erreichen.
	… kümmert sich um den Abbau einer Personalüberdeckung unter Berücksichtigung quantitativer, qualitativer, örtlicher oder zeitlicher Aspekte.
	… umfasst alle Maßnahmen zur Förderung der individuellen beruflichen Entwicklung der Mitarbeiter. Dazu werden auch ihre persönlichen Interessen beachtet.

Situation
Erarbeitung
Zusatz
Forder

2. Erklären Sie den Unterschied zwischen wirtschaftlichen und sozialen Zielen der Personalwirtschaft.

wirtschaftliche Ziele der Personalwirtschaft	soziale Ziele der Personalwirtschaft

3. Ordnen Sie im Folgenden zu, ob es sich um wirtschaftliche Ziele oder soziale Ziele der Personalwirtschaft handelt. Kreuzen Sie die richtige Lösung an.

	wirtschaftliches Ziel	soziales Ziel
a) Mitbestimmung		
b) Fortbildung und Weiterbildung		
c) Senkung der Personalkosten		
d) Aufstiegschancen		
e) Einsatz der Mitarbeiter nach ihrer Qualifikation		
f) Arbeitszufriedenheit		
g) Freistellung von nicht benötigten Mitarbeitern		
h) geringe Fehltage		

13.2 Planung von Personalbedarf und Personaleinsatz

Erarbeitungsaufgaben

1. Entscheiden Sie bei folgenden Ereignissen, ob es sich um Ersatzbedarf (E), Neubedarf (N), Reservebedarf (R) oder Freistellungsbedarf (F) handelt.

Ereignis	Bedarf
a) Ein Einzelhändler schließt aufgrund von Nachfragerückgängen eine Filiale.	
b) Mitarbeiter kündigen ihr Arbeitsverhältnis, da sie das Unternehmen wechseln wollen.	
c) Mitarbeiter treten in den Ruhestand, da sie die Altersgrenze erreicht habe.	
d) Durch einen Autounfall wird ein Mitarbeiter Invalide und kann nicht mehr arbeiten.	
e) Ein Einzelhändler eröffnet eine neue Filiale.	
f) Eine Mitarbeiterin geht in Elternzeit.	
g) Ein Einzelhändler benötigt mehr Personal, da die Kundenzahl stark angestiegen ist.	
h) Ein Mitarbeiter leistet einen freiwilligen Wehrdienst ab.	
i) Ein Textileinzelhändler schließt die Abteilung Sportbekleidung.	
j) Ein Betriebsratsmitglied wird für die Betriebsratstätigkeit freigestellt.	

2. Das Warenhaus Inline hat laut Stellenplan 120 Mitarbeiter. Allerdings sind nicht alle Stellen besetzt: Das Unternehmen beschäftigt derzeit 118 Mitarbeiter. Im nächsten Jahr plant die Geschäftsleitung, 130 Mitarbeiter zu beschäftigen. Bisher wurden für das nächste Jahr zwei neue Kollegen eingestellt. Weiterhin weiß die Geschäftsleitung, dass im nächsten Jahr fünf Mitarbeiter in Rente gehen und ein

Mitarbeiter das Unternehmen verlässt. Außerdem nehmen drei Kolleginnen Elternzeit in Anspruch. Weitere zwei Mitarbeiter werden ihre Vollzeitstellen in Teilzeitstellen umwandeln. Berechnen Sie den Netto-Personalbedarf für das nächste Jahr nach der Stellenplanmethode.

Berechnung des Brutto-Personalbedarfs		

Berechnung des Netto-Personalbedarfs		

3. Der Drogeriemarkt Karan wird in diesem Jahr mit 70 Mitarbeitern einen Umsatz in Höhe von 42 Mio. € erzielen. Im nächsten Jahr soll der Umsatz um 3,6 Mio. € auf 45,6 Mio. € steigen. Berechnen Sie nach der Kennzahlenmethode, wie hoch der Netto-Personalbedarf im nächsten Jahr ist.

....

....

....

....

....

4. Erklären Sie die Arten des Personalbedarfs und nennen Sie jeweils ein Beispiel.

Personalbedarf	Erklärung	Beispiel

Fortsetzung siehe folgende Seite

Situation
Erarbeitung
Zusatz
Forder

Personalbedarf	Erklärung	Beispiel

5. Der Personalbedarf kann durch Faktoren beeinflusst werden, die eine genaue Berechnung des Personalbedarfs verhindern können. Nennen Sie mögliche Unsicherheitsfaktoren.

....

....

....

....

....

6. Ein Einzelhändler hat für das nächste Jahr aufgrund einer Personalunterdeckung einen Netto-Personalbedarf von fünf Mitarbeitern festgestellt.

a) Der Einzelhändler möchte trotz des ermittelten Bedarfs keine weiteren Mitarbeiter einstellen, da er in Zukunft mit rückläufigen Umsätzen rechnet. Erläutern Sie, welche Maßnahmen der Einzelhändler ergreifen kann, um trotzdem seine festgelegten Unternehmensziele zu erreichen.

....

....

....

b) Der Einzelhändler hat nun die benötigten fünf Mitarbeiter eingestellt. Bald darauf kommt es tatsächlich zu den befürchteten Umsatzeinbrüchen. Erläutern Sie, welche Maßnahmen der Einzelhändler ergreifen kann, um den entstandenen Personalüberhang abzubauen.

....

....

....

7. Entscheiden Sie, welche Aussagen richtig sind. Tragen Sie die den Buchstaben der richtigen Antwort in das Kästchen ein.

5506106

Arten des Personalbedarfs ☐

a) Ersatzbedarf entsteht durch Mitarbeiter, die infolge von Invalidität oder Eintritt in den Ruhestand aus dem Unternehmen ausscheiden.

b) Neubedarf entsteht, wenn Mitarbeiter kündigen und diese frei gewordenen Stellen neu besetzt werden müssen.

c) Reservebedarf entsteht durch Filialneueröffnungen. Da noch nicht klar ist, wann die Filiale eröffnet wird, werden Mitarbeiter zur Reserve schon vor der Eröffnung eingestellt.

d) Einsatzbedarf entsteht, wenn das Leistungsverhalten einiger Mitarbeiter nachlässt und neue Mitarbeiter benötigt werden, damit die Arbeit in vollem Umfang erledigt werden kann.

e) Freistellungsbedarf entsteht, wenn Mitarbeiter durch Krankheit aus dem Unternehmen ausscheiden und die frei gewordenen Stellen neu besetzt werden müssen.

f) Ersatzbedarf bedeutet, dass mehr Mitarbeiter eingestellt werden als benötigt, damit jederzeit ausfallende Mitarbeiter ersetzt werden können.

Personalbedarfsplanung ☐

a) Die Personalbedarfsplanung plant den Bedarf der zukünftigen Personalkosten.

b) Die Personalbedarfsplanung schätzt ab, wie groß der Personalbedarf zur Erreichung der Unternehmensziele in Zukunft sein wird.

c) Die Personalbedarfsplanung plant den Einsatz der Mitarbeiter im Unternehmen.

d) Die Personalbedarfsplanung schätzt ab, wie groß der Freistellungsbedarf bei Filialneueröffnungen ist.

e) Die Personalbedarfsplanung schätzt ab, welche Mitarbeiter zu hohe Personalkosten verursachen.

f) Die Personalbedarfsplanung schätzt ab, wie groß der Personalbedarf aus Sicht der Kunden ist.

Arten von Mitarbeitern nach der Beschäftigung ☐

a) Vollzeitbeschäftigte sind Mitarbeiter, die mit einer geringeren Stundenzahl als im Tarifvertrag vorgesehen beschäftigt werden.

b) Vollzeitbeschäftigte sind Mitarbeiter, die der Einzelhändler saisonal (z. B. zu Weihnachten) einstellt.

c) Teilzeitbeschäftigte sind Mitarbeiter, die mit der vollen Stundenzahl gemäß Tarifvertrag beschäftigt werden, aber nur halbtags zur Verfügung stehen.

d) Leiharbeiter sind Mitarbeiter, die dem Einzelhändler ihre Arbeitskraft leihweise zur Verfügung stellen.

e) Aushilfskräfte sind Mitarbeiter, die mit der vollen Stundenzahl gemäß Tarifvertrag beschäftigt werden.

f) Leiharbeiter sind Mitarbeiter, die von einer Personalleasinggesellschaft zur Verfügung gestellt werden.

Personaleinsatzplanung ☐

a) Die kurzfristige Personaleinsatzplanung kümmert sich um die optimale Ausstattung des Arbeitsplatzes.

b) Die kurzfristige Personaleinsatzplanung erkennt möglichen Weiterbildungsbedarf der Mitarbeiter.

c) Die kurzfristige Personaleinsatzplanung plant den Personaleinsatz für einen kurzen Zeitraum unter Berücksichtigung der Öffnungszeiten, des Kundenverkehrs und der Arbeitszeit der Mitarbeiter.

d) Die langfristige Personaleinsatzplanung wird mithilfe eines Personaleinsatzplans geplant.

e) Die langfristige Personaleinsatzplanung berücksichtigt saisonale Unterschiede beim Kundenaufkommen.

f) Die langfristige Personaleinsatzplanung sorgt für den optimalen Einsatz der Mitarbeiter unter Berücksichtigung der Arbeitszeiten der Mitarbeiter.

Kurzfristige Personaleinsatzplanung ☐

a) Die kurzfristige Personaleinsatzplanung wird durchgeführt, damit Kündigungen seitens der Mitarbeiter verhindert werden.

b) Die kurzfristige Personaleinsatzplanung wird durchgeführt, um die Fehlzeiten durch Krankheit zu verringern.

c) Die kurzfristige Personaleinsatzplanung wird durchgeführt, um die Motivation der Mitarbeiter zu steigern.

d) Die kurzfristige Personaleinsatzplanung wird durchgeführt, um die Planungsunsicherheit des Unternehmens zu steigern.

e) Die kurzfristige Personaleinsatzplanung wird durchgeführt, um den Personaleinsatz dem Kundenaufkommen anzupassen.

f) Die kurzfristige Personaleinsatzplanung wird durchgeführt, um die Sicherheit am Arbeitsplatz zu erhöhen.

Situation
Erarbeitung
Zusatz
Forder

8. Unterscheiden Sie zwischen kurzfristiger und langfristiger Personaleinsatzplanung.

kurzfristige Personalplanung	langfristige Personalplanung

9. Informieren Sie sich im Internet, welche unterschiedlichen Darstellungsmöglichkeiten von Personaleinsatzplänen existieren und stellen Sie eine Möglichkeit Ihrer Klasse vor.

Zusatzaufgaben

1. Beschreiben Sie, welche Aufgabe die Personalbedarfsplanung hat.

2. Unterscheiden Sie zwischen quantitativer und qualitativer Personalbedarfsplanung.

quantitative Personalbedarfsplanung	qualitative Personalbedarfsplanung

3. Erläutern Sie zwei Methoden der quantitativen Personalbedarfsplanung.

4. Das Möbelhaus Möbel Massiv hat laut Stellenplan 110 Mitarbeiter. Allerdings sind nicht alle Stellen besetzt: Das Unternehmen beschäftigt derzeit 108 Mitarbeiter. Im nächsten Jahr plant die Geschäftsleitung 115 Mitarbeiter zu beschäftigen. Bisher wurde für das nächste Jahr ein neuer Kollege eingestellt. Weiterhin weiß die Geschäftsleitung, dass im nächsten Jahr vier Mitarbeiter in Rente gehen und ein Mitarbeiter das Unternehmen verlässt. Außerdem nehmen zwei Kolleginnen Elternzeit in Anspruch. Weitere zwei Mitarbeiter werden ihre Vollzeitstellen in Teilzeitstellen umwandeln. Berechnen Sie den Netto-Personalbedarf für das nächste Jahr nach der Stellenplanmethode.

5506108

Berechnung des Brutto-Personalbedarfs		

Berechnung des Netto-Personalbedarfs		

5. Der Drogeriemarkt Karan wird in diesem Jahr mit 60 Mitarbeitern einen Umsatz in Höhe von 48 Mio. € erzielen. Im nächsten Jahr soll der Umsatz um 1,6 Mio. € auf 49,6 Mio. € steigen. Berechnen Sie nach der Kennzahlenmethode, wie hoch der Netto-Personalbedarf im nächsten Jahr ist.

6. Nennen Sie die unterschiedlichen Arten von Mitarbeitern nach der Beschäftigung.

7. Entscheiden Sie bei folgenden Ereignissen, ob es sich um Ersatzbedarf (E), Neubedarf (N), Reservebedarf (R) oder Freistellungsbedarf (F) handelt.

Ereignis	Bedarf
a) Das Modehaus Müller eröffnet in der Nachbarstadt eine Filiale.	
b) Ein Mitarbeiter verlässt das Modehaus Müller, um bei einem Konkurrenten zu arbeiten.	
c) Mit Erreichen der Altersgrenze gehen Mitarbeiter in den Ruhestand.	
d) Ein Einzelhändler verzeichnet starke Umsatzeinbrüche. Dadurch ergibt sich eine Personalüberdeckung.	
e) Durch einen Arbeitsunfall wird ein Mitarbeiter Invalide und kann nicht mehr arbeiten.	
f) Eine Mitarbeiterin befindet sich im Mutterschutz.	
g) Ein Mitarbeiter fällt aufgrund einer Erkrankung für ein halbes Jahr aus.	

Fortsetzung siehe folgende Seite

Situation
Erarbeitung
Zusatz
Forder

Ereignis	Bedarf
h) Ein Einzelhändler sucht neue Mitarbeiter, da er aufgrund höherer Kundenzahlen einen Umsatzanstieg verzeichnet.	
i) Ein Elektrofachmarkt schließt die Abteilung Haushaltswaren.	
j) Für die Betriebsratstätigkeit wird ein Betriebsratsmitglied freigestellt.	

8. Informieren Sie sich über die Personaleinsatzplanung und geben Sie die Aufgaben der langfristigen und der kurzfristigen Personaleinsatzplanung an.

Aufgaben der langfristigen Personaleinsatzplanung	Aufgaben der kurzfristigen Personaleinsatzplanung

9. Nennen Sie die Punkte, die der Einzelhändler bei der kurzfristigen Planung des Personaleinsatzes berücksichtigen muss.

....

....

13.1–13.2 Aufgaben und Ziele/Planung

Forderaufgaben

1. Ordnen Sie die folgenden Arbeiten den entsprechenden Aufgaben der Personalwirtschaft zu. Tragen Sie die zutreffenden Ziffern ein.

Arbeiten in der Personalwirtschaft	
a) Personalstatistik, Führen der Personalakten, Pflege der Personalstammdaten	
b) Empfehlungen für Beförderungen und Lohnerhöhungen aussprechen, Mitarbeiter beurteilen	
c) Arbeitsplatzgestaltung, Neuorganisation von Arbeitsabläufen, Einführung neuer Mitarbeiter, Verteilung der Mitarbeiter auf die verschiedenen Arbeitsplätze	
d) Lohnabrechnungen erstellen, Sozialversicherungsabgaben berechnen, Gehälter berechnen	
e) Stellenanzeigen erstellen, Arbeitsverträge schließen, Vorstellungsgespräche führen, Eignungstests durchführen	
f) Kündigungsschreiben vorbereiten, Kündigungen aussprechen, Sozialverträglichkeit der Kündigung prüfen	
g) Fortbildungen entwickeln, Weiterbildungsmöglichkeiten veröffentlichen, Umschulungen organisieren, Ausbildung der Auszubildenden steuern	
h) Sportangebote erstellen, Kantine einrichten, Werksarzt beauftragen, Kaffeeküche einrichten	

	Aufgaben der Personalwirtschaft
1	Personalbedarfsplanung
2	Personalbeschaffung
3	Personalbetreuung
4	Personalbeurteilung
5	Personaleinsatzplanung
6	Personalentlohnung
7	Personalentwicklung
8	Personalfreisetzung
9	Personalführung
10	Personalverwaltung

5506110

2. Der Elektrofachmarkt „Elektronik Hero“ hat laut Stellenplan 200 Mitarbeiter. Allerdings sind nicht alle Stellen besetzt: Das Unternehmen beschäftigt derzeit 195 Mitarbeiter. Im nächsten Jahr plant die Geschäftsleitung 205 Mitarbeiter zu beschäftigen. Bisher wurden für das nächste Jahr drei neue Kollegen eingestellt. Weiterhin weiß die Geschäftsleitung, dass im nächsten Jahr sechs Mitarbeiter in Rente gehen und zwei Mitarbeiter das Unternehmen verlassen. Außerdem werden drei Kolleginnen im Mutterschutz sein. Weitere zwei Mitarbeiter werden ihre Vollzeitstellen in Teilzeitstellen umwandeln. Zwei Mitarbeiter werden aufgrund einer Invalidität nicht mehr im Unternehmen arbeiten können.

a) Berechnen Sie den Netto-Personalbedarf für das nächste Jahr nach der Stellenplanmethode.

Berechnung des Brutto-Personalbedarfs		

Berechnung des Netto-Personalbedarfs		

b) Ermitteln Sie die Arten des Personalbedarfs in dem vorliegenden Fall.

Ereignis	Bedarf

3. Empfehlen Sie einem Einzelhändler eine Methode der quantitativen Personalbedarfsplanung.

....

....

....

....

Situation
Erarbeitung
Zusatz
Forder

4. Stellen Sie die Vorteile und Nachteile der Stellenplanmethode und der Kennzahlenmethode dar.

	Stellenplanmethode	Kennzahlenmethode
Vorteile		
Nachteile		

5. Der Auszubildende im Einzelhandel, Oscar Wilde, findet auf der Homepage der Bildungseinrichtung ver.di Bildung + Beratung die folgende Information.

Billig – auf Kosten der Beschäftigten

Während die Kunden mit Niedrigpreisen verwöhnt werden, verweigern die Handels-Arbeitgeber den eigenen Beschäftigten angemessene Löhne und die Anerkennung. Was sie bei den Verkaufspreisen einbüßen, versuchen sie durch Kürzungen bei den Personalkosten wieder auszugleichen. An die Stelle von Vollzeitbeschäftigten werden zunehmend „billigere“ Kräfte gesetzt: immer mehr geringfügig Beschäftigte, Leiharbeiter, Befristungen und Dienstleister.

Das Thema beunruhigt und interessiert den Auszubildenden. Er recherchiert weiter und findet die folgende Übersicht.

Beschäftigung	Gesamtwirtschaft	Einzelhandel
Vollzeit	64 %	43 %
Teilzeit	15 %	25 %
ausschließlich Minijob	14 %	24 %
Nebentätigkeit Minijob	7 %	8 %

Quelle: Institut für Arbeit und Qualifikation (IAQ), 2010

a) Informieren Sie sich, was ein Minijob ist.

....

....

....

....

....

....

....

....

....

5506112

b) Erläutern Sie, inwieweit die Tabelle „Beschäftigungsstrukturen" die These „Billig – auf Kosten der Beschäftigten" stützt.

4. Schauen Sie sich den Personaleinsatzplan im Lehrbuch im Kapitel 13.2.2, Abb. 8, an. Dieser Einsatzplan ist nicht optimal. Überlegen Sie mögliche Aspekte, die in dem vorliegenden Plan fehlen.

13.3 Personalbeschaffung

Erarbeitungsaufgaben

1. Unterscheiden Sie die Begriffe Personalvermittler und privater Arbeitsvermittler.

Personalvermittler	privater Arbeitsvermittler

Situation
Erarbeitung
Zusatz
Forder

2. Wählen Sie eine beliebige Stelle aus Ihrem Ausbildungsbetrieb und schreiben Sie dazu eine Personalanforderung.

3. Begründen Sie, für welchen Beschaffungsweg Sie sich im Rahmen der Personalbeschaffung entscheiden würden (intern oder extern).

4. Entscheiden Sie bei folgenden Möglichkeiten der Personalbeschaffung, ob es sich um die externe Personalbeschaffung handelt. Kreuzen Sie die richtige Antwort an.

Möglichkeiten der Personalbeschaffung	Lösung
a) Personalleasing	
b) Mehrarbeit	
c) Versetzung	
d) innerbetriebliche Stellenausschreibung	
e) Personalentwicklung	
f) Übernahme von Auszubildenden	

5. Nennen und erläutern Sie die unterschiedlichen Qualifikationsgruppen bei der Beschaffung von Mitarbeitern.

Qualifikationsgruppen	Erläuterung

Qualifikationsgruppen	Erläuterung

6. Formulieren Sie das Ziel des Allgemeinen Gleichbehandlungsgesetzes (AGG).

7. Erläutern Sie, welche Möglichkeiten ein benachteiligter Arbeitnehmer hat, wenn der Arbeitgeber gegen das AGG verstößt.

8. Erklären Sie, was anonymisierte Bewerbungen sind.

9. Das Allgemeine Gleichbehandlungsgesetz hat zum Ziel, Benachteiligungen aus verschiedenen Gründen zu verhindern. Zu diesen Gründen zählen nicht …

Gründe	Lösung
a) … die Rasse oder ethnische Herkunft	
b) … die Religion	
c) … das Alter	
d) … das Geschlecht	
e) … die Vermögensverhältnisse	
f) … die Weltanschauung	

10. Überprüfen Sie in den folgenden Sachverhalten, ob es sich um die Beschaffung eines (1) ungelernten Mitarbeiters, (2) angelernten Mitarbeiters, (3) gelernten Mitarbeiters, (4) gelernten Mitarbeiters mit Zusatzqualifikation, (5) hoch qualifizierten Mitarbeiters handelt. Tragen Sie die Ziffer nach der jeweils zutreffenden Antwort ein.

Sachverhalt	Lösung
a) In einem Einzelhandelsbetrieb ist die Steller „Buchhalter“ zu besetzen.	
b) Ein Bäcker sucht eine Verkaufshilfe.	
c) Ein Supermarkt benötigt einen Regaleinräumer.	
d) Eine große Aktiengesellschaft benötigt einen neuen Mitarbeiter für die Stabstelle „Rechtsberatung“.	
e) Ein Einzelhandelsunternehmen sucht für die Filialleitung einen Fachwirt der IHK.	
f) Ein Sportgeschäft möchte einen neuen Fachberater in der Abteilung „Trekking“ einstellen.	

11. Entscheiden Sie, welche von den folgenden Unterlagen in der Regel nicht zu den Bewerbungsunterlagen gehören. Kreuzen Sie die richtige Antwort an.

Unterlagen	Lösung
a) Zeugnisse	
b) Gehaltsabrechnung	
c) Lebenslauf	
d) Foto	
e) Bescheinigungen	
f) Anschreiben	

12. Suchen Sie nach Unterlagen für Bewerbungstrainings (die gibt es z. B. bei Krankenkassen oder Banken) und führen Sie die darin enthaltenen Tests durch.

13. Nach dem aktuellen Stand des Personalauswahlverfahrens sind noch zwei Bewerberinnen im Rennen: Anette Gartenbruch und Rebecca Franwer. Herr Tigges möchte durch ein persönliches Gespräch mit den Bewerberinnen eine abschließende Entscheidung treffen, wer die ausgeschriebene Stelle bekommen soll.

a) Bilden Sie drei Gruppen:

(1) Personalabteilung: Herr Tigges

(2) Bewerberin: Anette Gartenbruch

(3) Bewerberin: Rebecca Franwer

b) Bereiten Sie sich in Ihren Gruppen auf das Vorstellungsgespräch vor. Überlegen Sie sich für Ihre Rolle, welche Fragen Sie stellen wollen und was Sie auf gestellte Fragen antworten könnten.

c) Erstellen Sie einen Beobachtungsbogen.

d) Führen Sie das Vorstellungsgespräch durch. Orientieren Sie sich dabei an dem üblichen Ablauf eines Vorstellungsgesprächs.

14. Begründen Sie in folgenden Fällen, ob die Fragen im Vorstellungsgespräch zulässig oder unzulässig sind.

Fall	zu-lässig	unzu-lässig	Begründung
a) Anna Siewnow bewirbt sich in einem Supermarkt. Sie wird gefragt, ob sie am letzten Wochenende auf einer Party war.			
b) Jörg Deters bewirbt sich in einem Elektrofachmarkt als Kassierer. Er wird gefragt, ob er eine Vorstrafe wegen Unterschlagung hat.			
c) Julia Sonntor, gelernte Friseurin, bewirbt sich bei einem Lebensmitteleinzelhändler. Sie wird gefragt, warum sie im Lebensmitteleinzelhandel arbeiten möchte.			
d) Doro Renwor bewirbt sich in einem Spielwarengeschäft. Sie wird gefragt, ob sie sich Kinder wünscht.			

15. Was bedeutet „Recht auf Lüge“?

Situation
Erarbeitung
Zusatz
Forder

16. Überprüfen Sie, ob folgende Fragen in einem Vorstellungsgespräch zulässig sind. Kreuzen Sie die zulässigen Fragen an.

a) Wo waren Sie am letzten Wochenende? ☐

b) Sind Sie schwanger? ☐

c) Wo sehen Sie Ihre Stärken? ☐

d) Welcher Partei haben Sie bei der letzten Wahl Ihre Stimme gegeben? ☐

17. Bringen Sie durch Einsetzen der Ziffern 1–6 den Ablauf eines Vorstellungsgesprächs in die richtige Reihenfolge.

☐ Verabschiedung

☐ Aufwärmphase durch Small Talk

☐ Informationen zum Unternehmen

☐ Fragen zur Bewerbung, zum Werdegang des Bewerbers, zur persönlichen Situation des Bewerbers

☐ Begrüßung

☐ Fragen des Bewerbers

18. Erläutern Sie, welche Mitbestimmungsrechte ein Betriebsrat bei der Einstellung neuer Mitarbeiter hat.

....

....

....

....

....

....

....

19. Beschreiben Sie, welche Formvorschrift für den unbefristeten Arbeitsvertrag gilt und welche Verpflichtungen der Arbeitgeber darüber hinaus hat.

....

....

....

....

....

....

....

....

20. Neben den unbefristeten Arbeitsverträgen gibt es auch befristete Arbeitsverträge.

a) Erklären Sie, was ein befristeter Arbeitsvertrag ist.

....

....

....

5506118

b) Welche Formvorschrift gilt bei befristeten Arbeitsverträgen?

c) Beschreiben Sie, welche Regelungen zur Befristung eines Arbeitsvertrags bestehen.

21. Im Einzelhandel werden immer wieder Arbeitsverhältnisse als geringfügige Beschäftigung geschlossen.

a) Erläutern Sie, was geringfügige Beschäftigung ist.

b) Beschreiben Sie, wie geringfügig Beschäftigte arbeitsrechtlich zu behandeln sind.

22. Diskutieren Sie, warum Einzelhändler Beschäftigte auf Basis der geringfügigen Beschäftigung einstellen.

23. Entscheiden Sie begründet, ob ein Arbeitnehmer gegen seine Pflichten aus dem Arbeitsvertrag verstoßen hat.

a) Roland Meyer ist in einem Sportgeschäft tätig. In seiner Freizeit arbeitet er gegen ein geringes Entgelt als Trainer für den ortsansässigen Fußballverein.

b) Mareike Wegener ist in einem großen Bekleidungsgeschäft angestellt. In ihrer Freizeit arbeitet sie als Aushilfe in der Boutique ihrer Nachbarin.

24. Entscheiden Sie, ob es sich bei folgenden Pflichten um Pflichten des Arbeitnehmers aus dem Arbeitsvertrag handelt. Kreuzen Sie die richtige Antwort an.

a) Zahlung der vereinbarten Vergütung ☐
b) Fürsorgepflicht ☐
c) Entgeltfortzahlung ☐
d) Beachtung des Wettbewerbsverbots ☐
e) Gewährung von Urlaub ☐
f) Gehaltszahlung ☐

25. Entscheiden Sie, ob es sich bei folgenden Pflichten um Pflichten des Arbeitgebers aus dem Arbeitsvertrag handelt. Kreuzen Sie die richtige Antwort an.

a) Wahrung von Geschäftsgeheimnissen ☐
b) Dienstleistungspflicht ☐
c) Unterlassung des Betreibens gefährlicher Sportarten, z. B. Drachenfliegen ☐
d) Wettbewerbsverbot ☐
e) Handelsverbot ☐
f) Gehaltszahlung ☐

Zusatzaufgaben

1. Bringen Sie die Schritte im Prozess der Personalbeschaffung in die richtige Reihenfolge.

☐ Arbeitsvertrag
☐ Auswahl
☐ Bestimmung des Beschaffungswegs (intern/extern)
☐ Eignungsprüfung
☐ Personalanforderung
☐ Personalwerbung (Stellenanzeige)
☐ Prüfung der Bewerbungsunterlagen (Grobauswahl)
☐ Vorstellungsgespräch (Feinauswahl)

2. Erklären Sie, was eine Personalanforderung ist.

....

....

3. Nennen Sie die Informationsgrundlage, die genutzt wird, um eine Personalanforderung zu erstellen.

....

4. Unterscheiden Sie die interne Personalbeschaffung und die externe Personalbeschaffung.

interne Personalbeschaffung	externe Personalbeschaffung

Situation
Erarbeitung
Zusatz
Forder

5. Nennen und erläutern Sie verschiedene Möglichkeiten, wie ein Unternehmen intern Personal beschaffen kann.

interne Personalbeschaffung	Erläuterung

6. Nennen Sie verschiedene Möglichkeiten, wie ein Unternehmen extern Personal beschaffen kann.

....

7. Ordnen Sie zu, ob es sich in den folgenden Fällen um eine externe Personalbeschaffung **E** oder um eine interne Personalbeschaffung **IN** handelt.

a) Ein Einzelhändler fragt bei der Arbeitsagentur nach geeigneten Bewerbern. ☐

b) Ein Elektrofachhändler sucht per Stellenangebot im Internet nach neuen Mitarbeitern. ☐

c) Die Modehaus Müller GmbH übernimmt die ausgelernten Auszubildenden in ein Angestelltenverhältnis. ☐

d) Ein Schuhhändler schult eigene Mitarbeiter zur Übernahme von Leitungsaufgaben. ☐

e) Ein Spielwarengeschäft arbeitet auf der Suche nach neuen Mitarbeitern mit einem privaten Arbeitsvermittler zusammen. ☐

8. Erklären Sie, was Personalleasing ist.

....

....

....

....

....

9. Bringen Sie die Schritte im Ablauf des Personalleasings in die richtige Reihenfolge

☐ Entleiher (Leasingnehmer) zahlt den Stundensatz je Arbeitsstunde an den Verleiher (Leasinggeber).

☐ Leiharbeitnehmer erbringt beim Entleiher (Leasingnehmer) die Arbeitsleistung.

☐ Leiharbeitnehmer und Verleiher (Leasinggeber) schließen einen Arbeitsvertrag.

☐ Verleiher (Leasinggeber) und Entleiher (Leasingnehmer) schließen einen Arbeitnehmerüberlassungsvertrag.

☐ Verleiher (Leasinggeber) zahlt Lohn an den Leiharbeitnehmer.

Situation
Erarbeitung
Zusatz
Forder

10. Suchen Sie eine Stellenanzeige (z. B. in der Tageszeitung oder im Internet). Vergleichen Sie den Aufbau dieser Stellenanzeige mit dem Grundaufbau einer Stellenanzeige und zeigen Sie Gemeinsamkeiten bzw. Unterschiede auf.

....

....

....

....

....

....

....

11. Erläutern Sie die Qualifikationsgruppen bei der Beschaffung von Mitarbeitern und geben Sie jeweils Beispiele für Tätigkeiten dieser Qualifikationsgruppen.

Qualifikationsgruppe	Erklärung	Beispiele
ungelernte Mitarbeiter		
angelernte Mitarbeiter		
gelernte Mitarbeiter		
gelernte Mitarbeiter mit Zusatzqualifikation		
hoch qualifizierte Mitarbeiter		

12. Beschreiben Sie, welchem Zweck das Allgemeine Gleichbehandlungsgesetz dient.

....

....

....

 5506122

13. Zählen Sie die Unterlagen auf, die für eine vollständige Bewerbung erforderlich sind.

14. Nennen Sie verschiedene Möglichkeiten der Eignungsprüfung.

15. Unterscheiden Sie die folgende Möglichkeiten der Eignungsprüfung: Arbeitsproben und situationsbezogene Verfahren.

Arbeitsproben	situationsbezogene Verfahren

16. Beschreiben Sie, welche Aufgaben ein Vorstellungsgespräch hat.

17. Zeigen Sie den Ablauf eines Vorstellungsgesprächs auf.

18. Erklären Sie, welche Fragen ein Arbeitgeber in einem Vorstellungsgespräch grundsätzlich stellen darf.

19. Erläutern Sie, welche Fragen des Arbeitsgebers im Vorstellungsgespräch unzulässig sind.

20. Nennen Sie das Recht, welches ein Bewerber bei unzulässigen Fragen im Vorstellungsgespräch hat.

21. Erläutern Sie, was ein Arbeitsvertrag ist.

Situation
Erarbeitung
Zusatz
Forder

22. Erklären Sie drei Pflichten des Arbeitgebers, die sich aus einem Arbeitsvertrag ergeben.

....

....

....

....

....

23. Beschreiben Sie drei Pflichten des Arbeitnehmers, die sich aus einem Arbeitsvertrag ergeben.

....

....

....

....

....

....

24. Unterscheiden Sie unbefristete Arbeitsverträge, befristete Arbeitsverträge und geringfügige Beschäftigung.

unbefristeter Arbeitsvertrag	befristeter Arbeitsvertrag	geringfügige Beschäftigung

Forderaufgaben

1. Analysieren Sie das Schaubild „Mitarbeiter gesucht".

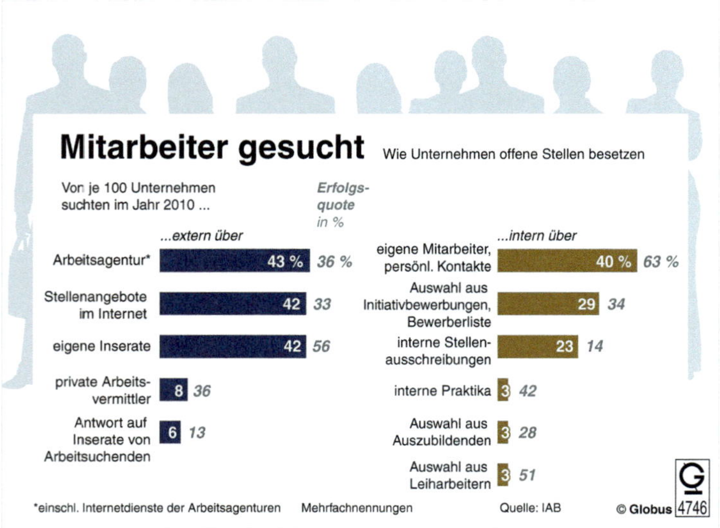

....

....

....

....

....

....

....

....

....

....

....

....

Situation
Erarbeitung
Zusatz
Forder

2. Der Personalchef eines Elektrofachmarkts meint: „Wenn ich neue Mitarbeiter suche, nehme ich grundsätzlich keine Bewerber, die von der Arbeitsagentur geschickt werden.“

a) Beschreiben Sie, welche Gründe der Personalchef für seine ablehnende Haltung haben könnte.

....

....

....

....

....

b) Ein Sachbearbeiter aus der Personalabteilung versteht die Meinung des Personalchefs nicht. Überlegen Sie Argumente, die gegen die Auffassung des Personalchefs sprechen.

....

....

....

3. Beurteilen Sie in folgenden Fällen, ob ein Verstoß gegen das Allgemeine Gleichbehandlungsgesetz vorliegt.

Sachverhalt	Verstoß gegen das AGG?
a) Am Ende eines Bewerbungsverfahrens wird ein Bewerber als Kaufmann im Einzelhandel aufgrund seines Alters nicht eingestellt.	
b) Ein Bewerber für die Stelle „Leitung der Marketingabteilung“ in einem Möbelhaus wird aufgrund mangelnder Erfahrung in der Personalführung nicht weiter im Einstellungsverfahren berücksichtigt.	
c) Ein italienischer Bewerber hat sich auf die Stellenausschreibung „Mitarbeiter im Service-Center eines Elektronikfachmarkts gesucht“ beworben. Er wird abgelehnt. Das Unternehmen meint, dass er als Italiener wegen möglicher Sprachprobleme nicht geeignet sei.	
d) Eine Bewerberin aus Ostdeutschland erhält ihre Bewerbungsunterlagen mit einer Absage von einem westdeutschen Unternehmen zurück. Auf ihrem Lebenslauf entdeckt sie den Vermerk „Ossi“.	

Situation
Erarbeitung
Zusatz
Forder

4. Überlegen Sie mögliche Folgen für ein Einzelhandelsunternehmen, wenn Führungspositionen lediglich mit hoch qualifizierten Mitarbeitern besetzt werden.

....

....

....

....

5. Um die Eignung eines Bewerbers zu prüfen, führen Arbeitgeber Einstellungstests durch. Entwickeln Sie in Ihren Arbeitsunterlagen mindestens zehn Testaufgaben für einen Einstellungstest im Berufsfeld Kauffrau/Kaufmann im Einzelhandel.

....

....

....

....

6. Entscheiden Sie, ob folgende Fragen in einem Vorstellungsgespräch zulässig oder unzulässig sind.

Frage	zulässig/unzulässig
a) Welches ist der höchste Schulabschluss, den Sie erworben haben?	
b) Wo waren Sie letztes Wochenende?	
c) Welche Hobbys haben Sie?	
d) Wo sehen Sie sich beruflich in fünf Jahren?	
e) Wie sieht Ihre Familienplanung aus?	
f) Wie sind Sie auf unser Unternehmen aufmerksam geworden?	

7. Entscheiden Sie begründet, ob ein Arbeitnehmer gegen seine Pflichten aus dem Arbeitsvertrag verstoßen hat.

Sachverhalt	Verstoß des Arbeitnehmers gegen Pflichten aus dem Arbeitsvertrag?
a) Ein Arbeitnehmer ist seit zwei Tagen wegen Krankheit arbeitsunfähig. Seinen Arbeitgeber hat er bisher nicht informiert.	

5506126

Sachverhalt	Verstoß des Arbeitnehmers gegen Pflichten aus dem Arbeitsvertrag?
b) Ein Arbeitnehmer erzählt seinen Freunden, welche Kunden samt Auftragsvolumen er für seinen Arbeitgeber werben konnte.	
c) Ein Maurer reinigt jeden Abend nach der Arbeit die Werkzeuge, die er tagsüber für seine Arbeit benötigt. Die Werkzeuge gehören seinem Arbeitgeber.	
d) Ein Arbeitnehmer folgt den Anweisungen seines Vorgesetzten und erfüllt die geforderten Aufgaben.	

8. Entscheiden Sie begründet, ob ein Arbeitgeber gegen seine Pflichten aus dem Arbeitsvertrag verstoßen hat.

Sachverhalt	Verstoß des Arbeitgebers gegen Pflichten aus dem Arbeitsvertrag?
a) Ein Mitarbeiter ist acht Wochen erkrankt. Der Arbeitgeber zahlt ihm nur vier Wochen lang den im Arbeitsvertrag vereinbarten Lohn weiter.	
b) In einem Betrieb werden neue Mitarbeiter genauestens über die Unfallverhütungs- und Arbeitsschutzvorschriften unterrichtet.	
c) Ein Mitarbeiter, der zum Ende des Monats aus dem Betrieb ausscheidet, möchte von seinem Arbeitgeber ein Arbeitszeugnis erhalten. Dieser weigert sich, ein Arbeitszeugnis zu erstellen.	
d) Ein Arbeitgeber gewährt einem Mitarbeiter sechs Wochen Urlaub im Jahr.	

9. Erörtern Sie, warum viele Einzelhändler Auszubildenden direkt nach der Ausbildung zunächst befristete Arbeitsverträge anbieten.

....

....

....

....

....

....

Situation
Erarbeitung
Zusatz
Forder

13.4 Personalführung

Erarbeitungsaufgaben

1. Erläutern Sie mit eigenen Worten den Begriff Personalführung.

....

....

2. Überlegen Sie, welcher Führungsstil im Einzelhandel am ehesten geeignet ist.

....

....

....

3. Überlegen Sie, welche Führungsmethode in Ihrem Ausbildungsbetrieb angewendet wird.

....

....

....

....

....

....

4. Erklären Sie, inwieweit der Führungsstil und die Führungsmethode die Mitarbeiter motivieren können und somit das Leistungsverhalten positiv verändern.

....

....

....

....

....

....

....

5. Welche der folgenden Aussagen zum Führungsstil ist richtig? Geben Sie die richtige Antwort an. ☐

a) Der autoritäre Führungsstil fördert die Kreativität der Untergebenen und lässt deren Ideen zu.

b) Der autoritäre Führungsstil entlastet den Vorgesetzten bei der Entscheidungsfindung, da die Gruppe eigene Vorschläge entwickelt.

c) Der autoritäre Führungsstil fördert die Motivation der Untergebenen, da sie eigenständig arbeiten können.

d) Der kooperative Führungsstil entlastet den Vorgesetzten, da er nicht allein entscheidet und kontrolliert.

e) Der kooperative Führungsstil zeichnet sich durch eine klare Aufgaben- und Kompetenzverteilung aus.

f) Der kooperative Führungsstil erleichtert den Entscheidungsfindungsprozess, da die Gruppe über anstehende Entscheidungen diskutiert.

Situation
Erarbeitung
Zusatz
Forder

6. Welche der folgenden Aussagen zur Führungsmethode ist richtig? ☐
Geben Sie die richtige Antwort an.

a) Bei der Methode Management by Objectives werden Aufgaben und Kompetenzen an die Mitarbeiter delegiert.

b) Durch die Vorgabe der Führungsmethoden besteht ein Rahmen, wie die Personalführung im Unternehmen zu gestalten ist. Dieser Rahmen ist für alle Führenden (Vorgesetzten) verbindlich.

c) Die Führungsmethode ist die Art und Weise, wie ein Vorgesetzter seine Mitarbeiter führt.

d) Bei der Methode Management by Delegation erarbeiten Vorgesetzte und Mitarbeiter gemeinsam eine Lösung.

e) Bei der Methode Management by Exception geben die Vorgesetzten den Mitarbeitern Anweisungen und kontrollieren sie bei der Umsetzung.

f) Bei der Methode Management by Direction bekommen die Mitarbeiter von den Vorgesetzten Routineaufgaben übertragen und dürfen allein entscheiden.

Zusatzaufgaben

1. Führen Sie den Unterschied zwischen direkter und indirekter Personalführung aus. Geben Sie je drei Beispiele an.

Personalführung	Erläuterung	Beispiele
direkte		
indirekte		

2. Erläutern Sie den Begriff Führungsmethode.

....

....

....

....

....

Situation
Erarbeitung
Zusatz
Forder

3. Ordnen Sie den folgenden Fällen die jeweilige Führungsmethode zu. Begründen Sie Ihre Entscheidung.

Fall	Führungsmethode
a) In einem Einzelhandelsunternehmen dürfen die Mitarbeiter der Verkaufsverteilung alle anfallenden Aufgaben selbstständig bearbeiten. Dazu haben sie von den Vorgesetzten alle notwendigen Kompetenzen übertragen bekommen.	
b) Die zuständigen Mitarbeiter für die Regalauffüllung bekommen in einem Einzelhandelsunternehmen klare Anweisung, wie die Regale aufzufüllen sind. Die Vorgesetzten kontrollieren regelmäßig die Ein-haltung ihrer Vorgaben.	
c) In einem Einzelhandelsunternehmen werden die Zielvorgaben für das Personal in einem Gespräch zwischen Vorgesetzten und Mitarbeitern festgelegt. Der Vorgesetzte kontrolliert regelmäßig die Einhaltung der Ziele. Durch ein unerwartet starkes Umsatzwachstum im letzten Quartal werden die Ziele neu ausgearbeitet.	
d) Die Verkäufer in einem Einzelhandelsunternehmen dürfen bei Kundenanfragen bis zu 10 % Rabatt gewähren. Bei höheren Rabatten müssen die Mitarbeiter die Genehmigung des Vorgesetzten einholen.	

4. Erklären Sie, was man unter Führungsstil versteht.

....

....

5. Unterscheiden Sie den autoritären Führungsstil und den kooperativen Führungsstil.

autoritärer Führungsstil	kooperativer Führungsstil

6. Ordnen Sie zu, um welche Art von Mitarbeitergesprächen es sich in den folgenden Fällen handelt:

Fall	Art des Mitarbeitergesprächs
a) Der Vorgesetzte kritisiert in diesem Gespräch entsprechendes Fehlverhalten des Mitarbeiters.	
b) Der Vorgesetzte bespricht mit dem Mitarbeiter die jeweiligen Gehaltsvorstellungen.	
c) Dieses Gespräch dient der Einschätzung der Leistung des zu beurteilenden Mitarbeiters.	
d) Dieses Gespräch hilft, Konflikte innerhalb des Unternehmens, z. B. zwischen zwei Mitarbeitern, zu lösen.	
e) Der Vorgesetzte möchte mithilfe dieser Gesprächsart den Mitarbeiter motivieren. In diesem Zusammenhang ist z. B. das Anerkennungsgespräch zu nennen, in dem die Leitungen eines Angestellten gewürdigt werden.	
f) Dieses Gespräch ist eine Mischung aus Motivations- und Kritikgespräch. Es eignet sich besonders, wenn ein Mitarbeiter z. B. eine neue Aufgabe übernommen hat und der Vorgesetzte nach einiger Zeit einen Überblick über die geleistete Arbeit geben möchte.	
g) Der Vorgesetzte und der Mitarbeiter vereinbaren Ziele, wie z. B. Umsatzziele.	

Forderaufgaben

1. Leiten Sie Auswirkungen auf den Mitarbeiter aus folgenden Beispielen der direkten Personalführung ab.

direkte Personalführung durch ...	Auswirkung auf die Mitarbeiter
Lob	
Ermahnung	
Mitarbeitergespräch	

2. Überlegen Sie, welche Führungsmethode in Ihrem Ausbildungsbetrieb besteht. Begründen Sie Ihre Entscheidung.

....

....

....

....

Situation
Erarbeitung
Zusatz
Forder

3. Bisher haben Sie zwei Führungsstile kennengelernt: den autoritären und den kooperativen Führungsstil. In der Realität wird man selten einen der beiden in der im Lehrbuch dargestellten Form vorfinden. Eher übernehmen die Vorgesetzten eine Mischung aus autoritärem und kooperativem Führungsstil. Bei den folgenden Mischformen von Führungsstilen nimmt der Entscheidungsspielraum des Vorgesetzten nach und nach ab, der Entscheidungsspielraum der Gruppe steigt immerzu an.

Entscheidungsspielraum des Vorgesetzten						
autoritär	**patriarchalisch**	**informierend**	**beratend**	**partizipativ**	**delegativ**	**demokratisch**
Vorgesetzter entscheidet und ordnet an.	Vorgesetzter entscheidet; er ist aber bestrebt, die Untergebenen von seinen Entscheidungen zu überzeugen, bevor er sie anordnet.	Vorgesetzter entscheidet; er gestattet jedoch Fragen zu seinen Entscheidungen, um durch die Beantwortung zu erreichen, dass seine Entscheidungen akzeptiert werden.	Vorgesetzter informiert seine Untergebenen über seine beabsichtigten Entscheidungen. Die Untergebenen haben die Möglichkeit, ihre Meinung zu äußern, bevor der Vorgesetzte die endgültige Entscheidung trifft.	Die Gruppe entwickelt und schlägt verschiedene Problemlösungen vor. Der Vorgesetzte entscheidet sich für die von ihm bevorzugte Lösung.	Die Gruppe entscheidet, nachdem der Vorgesetzte zuvor das Problem aufgezeigt und die Grenzen des Entscheidungsspielraums festgelegt hat.	Die Gruppe entscheidet; der Vorgesetzte tritt als Koordinator nach innen und außen auf.
						Entscheidungsspielraum der Gruppe

Führungsstile nach Tannenbaum und Schmidt

a) Begründen Sie, welchen Führungsstil Ihre Vorgesetzten in Ihrem Ausbildungsbetrieb haben.

....

....

b) Diskutieren Sie, welcher Führungsstil im Einzelhandel am ehesten geeignet ist.

....

....

....

....

c) Prüfen Sie, welche der folgenden Aussagen zum Führungsstil richtig ist. Kreuzen Sie die richtige Antwort an.

- Beim autoritären Führungsstil entscheidet der Vorgesetzte und versucht die Untergebenen von seinen Entscheidungen zu überzeugen. ☐
- Beim patriarchalischen Führungsstil entscheidet der Vorgesetzte aufgrund der Meinungen der Untergebenen. ☐
- Beim informierenden Führungsstil entscheidet die Gruppe, nachdem der Vorgesetzte das Problem geschildert hat. ☐
- Beim beratenden Führungsstil entscheidet der Vorgesetzte, er gestattet jedoch Fragen zu seinen Entscheidungen. ☐
- Beim partizipativen Führungsstil informiert der Vorgesetzte seine Untergebenen über seine anstehenden Entscheidungen und gestattet Fragen. ☐
- Beim delegativen Führungsstil entscheidet die Gruppe, nachdem der Vorgesetzte das Problem und den Entscheidungsspielraum beschrieben hat. ☐

4. Herr Dreier, Mitarbeiter in der Herrenabteilung im Modehaus Müller, kommt wiederholt verspätet aus der Mittagspause zurück. Herr Zegel, der zuständige Abteilungsleiter, bittet Herrn Dreier zu einem Mitarbeitergespräch in sein Büro.

Zegel: „Guten Tag, Herr Dreier. Ich habe Sie zu diesem Gespräch gerufen, da Sie wiederholt verspätet aus der Mittagspause zurückgekommen sind."

Dreier: „Ja, Herr Zegel, heute war ich tatsächlich etwas später als sonst."

Zegel: „Nur heute? Herr Dreier ..."

Führen Sie das Mitarbeitergespräch weiter.

....

....

....

....

....

....

13.5 Personalverwaltung

Erarbeitungsaufgaben

1. Nennen Sie Möglichkeiten der Aufbewahrung von Personalakten.

....

2. Entscheiden Sie, ob folgende Aussagen richtig **R** oder falsch **F** sind:

a) Jeder Einzelhändler ist gesetzlich verpflichtet, für jeden Mitarbeiter eine Personalakte zu führen. ☐

b) Eine Personalakte kann schriftlich oder digital geführt werden. ☐

c) In der Personalakte werden nur alle schlechten Beurteilungen über den Mitarbeiter gesammelt, um ihm schneller kündigen zu können. ☐

d) Jeder Betriebsangehörige darf sich die Personalakte seines Kollegen anschauen. ☐

e) Mithilfe einer Personalakte kann der Einzelhändler schnell und richtig entscheiden, wo welcher Mitarbeiter am besten eingesetzt werden kann. ☐

3. Entscheiden Sie, ob die genannten Unterlagen in die Personalakte von Tanja Schrader gehören **J** oder nicht gehören **N**.

a) Urlaubsschein vom Weihnachtsurlaub ☐

b) Lebenslauf ☐

c) Kopie der Geburtsurkunde von ihren Kindern ☐

d) Führerscheinkopie ☐

e) Arbeitsvertrag mit Gehaltsvereinbarung ☐

f) Protokoll über Kassenfehlbetrag am 24.12. ☐

g) Kontonummer mit Bankleitzahl ☐

h) Sozialversicherungsausweis ☐

i) Behauptung von Kollegin Anke Teuber, Frau Schrader komme immer montags zu spät ☐

j) Krankenschein über Krankheit des Kindes ☐

Situation
Erarbeitung
Zusatz
Forder

4. Erklären Sie an einem Beispiel aus Ihrem Ausbildungsbetrieb, warum man im Unternehmen Personalakten benötigt.

....

....

....

....

5. Entscheiden Sie, welche Aussagen richtig **R** oder falsch **F** sind:

a) Mit Personalinformationssystemen (PIS) können Mitarbeiterdaten digital aufbewahrt werden. ☐

b) Die Anwesenheitskontrolle gehört zu den dispositiven Aufgaben der PIS. ☐

c) Die Stammdatenverwaltung der Mitarbeiter gehört zu den administrativen Aufgaben der PIS. ☐

d) Die Informationen in einem PIS werden niemals außerhalb des Unternehmens verwendet. ☐

e) Informationen aus dem PIS sind stehen auch dem Finanzamt zur Verfügung. ☐

f) Personalinformationssysteme haben für den Arbeitnehmer und Arbeitgeber nur Vorteile. ☐

6. Der Einsatz von Personalinformationssystemen bedeutet auch Risiken für den Arbeitnehmer beim Umgang mit seinen Personaldaten im Unternehmen. Überlegen Sie sich zwei weitere negative Folgen, die der Einsatz von PIS für den Mitarbeiter haben kann.

....

....

....

....

....

....

7. Entscheiden Sie, welche Aussagen richtig **R** oder falsch **F** sind:

a) Jeder Arbeitgeber muss mit den persönlichen Daten seiner Mitarbeiter so umgehen, dass die Mitarbeiter nicht in ihren Persönlichkeitsrechten eingeschränkt werden. ☐

b) Datenschutz ist immer eine freiwillige Angelegenheit des Einzelhändlers. ☐

c) Es ist wichtig, möglichst viele Daten über jeden Mitarbeiter zu sammeln. Informationen, die der Einzelhändler nicht braucht, kann er weitergeben. ☐

d) Der Mitarbeiter hat das Recht, falsche Daten über sich vom Einzelhändler berichtigen zu lassen. ☐

e) Statt unter dem Namen des Mitarbeiters darf der Einzelhändler persönlichen Daten auch unter einer Personalnummer, die er dem Mitarbeiter zuweist, abspeichern. ☐

f) Jeder Einzelhändler muss einen Datenschutzbeauftragten einstellen. ☐

5506134

Zusatzaufgaben

1. Im Lehrbuch sind die Inhalte von Personalakten beispielhaft aufgezählt (vgl. BN 5503, LF 13, Kap. 13.5.1). Überlegen Sie sich drei weitere Beispiele, die Bestandteil der Personalakte sein könnten.

....

....

....

2. Bestimmte Daten aus dem Personalinformationssystem werden auch nach außen an andere Institutionen und Einrichtungen weitergegeben. Nennen Sie drei Beispiele und begründen Sie, warum die Datenweitergabe in diesen Fällen erforderlich ist.

....

....

....

....

....

....

....

....

....

....

....

3. Setzen Sie folgende Begriffe in den Lückentext ein:

aktuell/Computersystem/Datenrücksicherung/Datenschutzes/Datenverfälschung/DVD/Festplatten/Notfall/regelmäßig/richtigen/sicher/Sicherungskopien/unberechtigtem/USB-Stick/vollständig

In jedem Einzelhandelsbetrieb sollen bei digitaler Speicherung von Personalakten .... Datensicherungen durchgeführt werden. Datensicherungen sind eine Maßnahme des ....
Bei einer Datensicherung werden .... erstellt. Meistens werden sie auf anderen ...., ... oder .... abgelegt. Die Sicherheitskopien müssen immer .... und .... sein. Auch müssen sie .... aufbewahrt werden. Nur so können die Mitarbeiterdaten vor .... Zugriff, Datenverlust und .... bewahrt werden. Wenn im Unternehmen ein .... eintritt, kann der Einzelhändler eine .... durchführen. Dabei werden die vorhandenen Sicherungskopien wieder in das .... eingespielt und die Mitarbeiterdaten befinden sich wieder auf dem .... Stand.

Situation
Erarbeitung
Zusatz
Forder

4. Lösen Sie das nachfolgende Kreuzworträtsel. Das Lösungswort ergibt eine wichtige Aufgabe, die bei der Planung des Personaleinsatzes und der Mitarbeiterführung erfüllt werden muss.

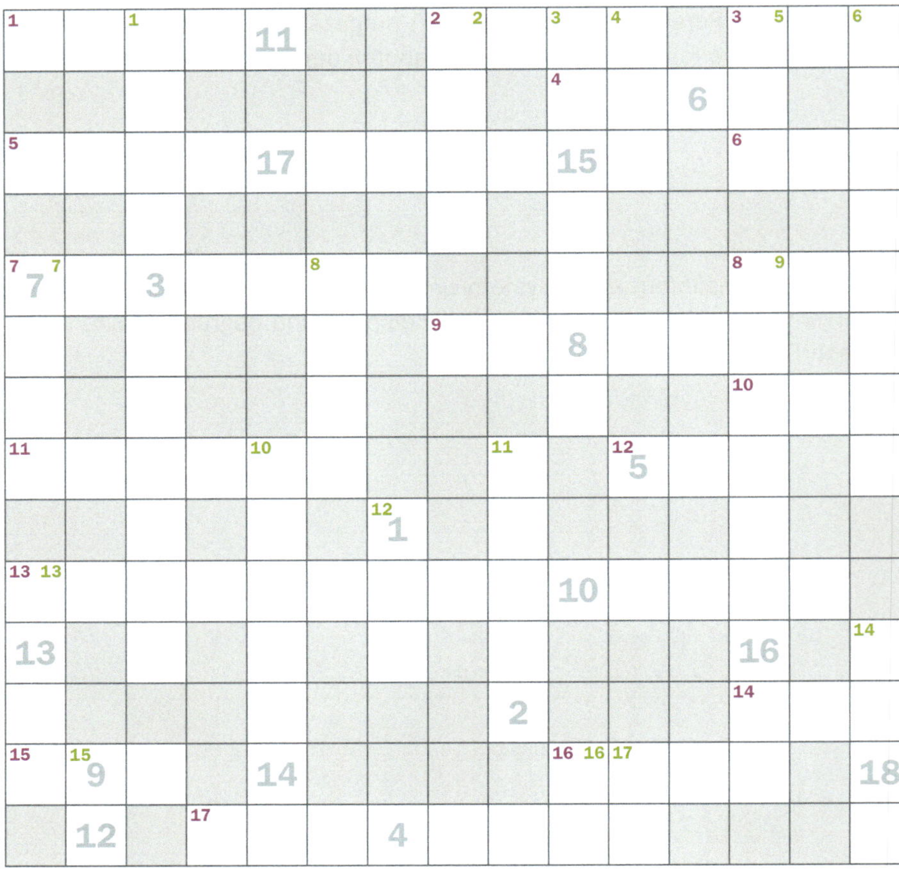

Lösungswort:

1	2	3	4	5	6	7	8	9	10	11	12	13	14	15	16	17	18

waagerecht

1 Figur bei den Simpsons
2 lästige Werbe-E-Mail
3 transparente Salbe, Abk. Gelantine
4 Sportboot
5 Schutz der Persönlichkeitsrechte in der EDV
6 Zeitraum, Teil der Woche
7 Teil der Personaldaten, Anschrift
8 Kadaver, toter Tierkörper
9 Ferien von der Arbeit
10 Frühlingsmonat
11 Hochschulreife
12 Großmutter
13 muss im Notfall zum Erhalt der Daten-durchgeführt werden
14 ausschließlich, nichts weiter
15 Speichermedium für eine Datensicherung
16 Abk. Bundesdatenschutzgesetz
17 über das Internet verabredeter Menschenauflauf

senkrecht

1 Arbeitnehmer
2 Wintersportgerät
3 so muss eine Datensicherung immer sein, zeitnah
4 Abk. Märkische Allgemeine Zeitung
5 Gegenteil von schlecht
6 Organisation des Unternehmensablaufs
7 geplantes Abkommen zur Durchsetzung von Schutzrechten für geistiges Eigentum im Netz (Abk.)
8 extrem, ungemein
9 Verwarnung, die Bestandteil der Personalakte wird
10 Beginn des Universums
11 Radverbindungsteil am Auto
12 Abk. Personalinformationssystem
13 Abschlusskante, Begrenzungslinie
14 Abk. Arbeitsagentur
15 Abk. Volkswagen
16 Vorname der Schauspielerin Derek
17 Abk. Deutsch Bahn

5506136

13.6 Personalbeurteilung

Erarbeitungsaufgaben

1. Mithilfe eines Beurteilungsbogens können Sie auch Ihre Mitschüler am Arbeitsplatz „Schule" bewerten.

a) Erstellen Sie einen Beurteilungsbogen. Nutzen Sie den folgenden Vordruck.

Beurteilungskriterien	**Bewertung** **sehr schwach** **sehr stark**

b) Führen Sie eine Beurteilung mithilfe des Beurteilungsbogens durch.

....

....

....

....

....

....

....

c) Führen Sie ein Beurteilungsgespräch auf Grundlage der Ergebnisse des Personalbeurteilungsbogens durch.

Situation
Erarbeitung
Zusatz
Forder

2. Ein Personalbeurteilungsbogen umfasst verschiedene Beurteilungskriterien wie z. B. das Arbeitsverhalten. Entscheiden Sie in folgenden Beispielen, ob es sich um ein Kriterium aus dem Bereich Arbeitsverhalten handelt. Geben Sie die richtige Lösung an.

a) Sorgfalt ☐
b) Auftreten
c) Fachwissen
d) Umgang mit Kunden
e) Teamfähigkeit
f) Ausdruck (sprachlich)

Zusatzaufgaben

1. Begründen Sie, warum Personalbeurteilungen für ein Einzelhandelsunternehmen wichtig sind.

....

....

....

....

2. Durch Personalbeurteilungen können Streitigkeiten zwischen Vorgesetzten und Beurteilten kommen. Führen Sie aus, wie sich Auseinandersetzungen im Zusammenhang mit Personalbeurteilungen vermeiden lassen.

....

....

....

....

3. Zur Erstellung eines Personalbeurteilungsbogens müssen die Bewertungskriterien und der Beurteilungsmaßstab festgelegt werden. Erklären Sie die Begriffe Beurteilungskriterium und Beurteilungsmaßstab.

Beurteilungskriterium	Beurteilungsmaßstab

13.7 Personalentwicklung

Erarbeitungsaufgaben

1. Ordnen Sie folgenden Beispielen die Maßnahmen der berufsbegleitenden Personalentwicklung zu.

Beispiel	Maßnahme
a) Herr Brenner, Mitarbeiter Abteilung Herren im Modehauses Müller, besucht das Seminar „Warenkunde Herrenoberhemden“.	

Beispiel	Maßnahme
b) Herr Rekorus, Mitarbeiter Abteilung Rechnungswesen im Modehauses Müller, nimmt an der Schulung „Grundlagenseminar für zukünftige Abteilungsleiter“ teil.	
c) Herr Seidel, Mitarbeiter Abteilung Lager im Modehauses Müller, lernt die durch ein Softwareupdate veränderte Benutzeroberfläche des Warenwirtschaftssystems kennen.	
d) Frau Klewe, Mitarbeiterin Abteilung Damen im Modehauses Müller, ist bisher für die Beratung und Warenpräsentation zuständig gewesen. Jetzt besucht sie das Seminar „Arbeiten mit dem Kassensystem“, um demnächst an der Kasse eingesetzt werden zu können.	

2. Erläutern Sie, warum lebenslanges Lernen notwendig ist.

....

....

....

....

....

3. Beschreiben Sie, welchen Nutzen ein Einzelhändler von der Personalentwicklung hat.

....

....

....

....

4. Das Ziel der Personalentwicklung ist, den Mitarbeitern die Qualifikationen zu vermitteln, die sie zur optimalen Wahrnehmung ihrer jetzigen und zukünftigen Aufgaben benötigen. Aus diesem Ziel können Teilziele der Personalentwicklung aus Sicht des Einzelhändlers und des Mitarbeiters abgeleitet werden. Entscheiden Sie für folgende Teilziele, ob es sich um ein Teilziel aus der Sicht des Mitarbeiters handelt. Kreuzen Sie die richtige Lösung an.

a) Erhöhung der Arbeitsleistung durch Mitarbeitermotivation und Mitarbeiterzufriedenheit ☐

b) Verbesserung der Fähigkeiten und Fertigkeiten der Mitarbeiter ☐

c) Entwicklung von Fach- und Führungspersonal aus den eigenen Reihen ☐

d) Vermeidung der Abhängigkeit vom externen Arbeitsmarkt ☐

e) Bindung der Mitarbeiter an den Betrieb ☐

f) Verringerung des Risikos, den Arbeitsplatz zu verlieren ☐

Zusatzaufgaben

1. Erläutern Sie den Begriff Personalentwicklung.

....

....

Situation
Erarbeitung
Zusatz
Forder

2. Beschreiben Sie, was Sie unter lebenslangem Lernen verstehen.

....

....

....

3. Erklären Sie das Ziel der Personalentwicklung.

....

....

4. Formulieren Sie Teilziele der Personalentwicklung aus der Sicht Ihres Arbeitgebers und aus Ihrer eigenen Sicht.

Teilziele der Personalentwicklung ...	
aus Sicht des Arbeitgebers	aus Sicht des Mitarbeiters

5. Unterscheiden Sie drei Arten der Personalentwicklung.

Arten der Personalentwicklung		

6. Ordnen Sie folgende Maßnahmen der Personalentwicklung der berufsvorbereitenden, der berufsbegleitenden und der berufsverändernden Personalentwicklung zu.

Anlernung/Anpassungsweiterbildung/Aufstiegsweiterbildung/Berufsausbildung/Ergänzungsweiterbildung/Rehabilitation/Trainee-Programme/Umschulung

berufsvorbereitende Personalentwicklung	**berufsbegleitende Personalentwicklung**	**berufsverändernde Personalentwicklung**

5506140

Situation
Erarbeitung
Zusatz
Forder

7. Erklären Sie die Anpassungsweiterbildung, die Aufstiegsweiterbildung und die Ergänzungsweiterbildung.

Anpassungsweiterbildung	Aufstiegsweiterbildung	Ergänzungsweiterbildung

13.6–13.7 Personalbeurteilung/Personalentwicklung

Forderaufgaben

1. Entscheidend für eine objektive Personalbeurteilung ist, dass typische Beurteilungsfehler vermieden werden. Im Folgenden sind einige Beurteilungsfehler aufgeführt.

a) Informieren Sie sich über die dargestellten Beurteilungsfehler.

Bilder werden unterschiedlich wahrgenommen.

Beurteilungsfehler	
Haloeffekt (Wahrnehmungseffekt)	Bestimmte Eigenschaften oder Merkmale einer Person bewirken, dass andere, weniger auffällige, „überstrahlt" werden. Beispiel: Eine Kundin lässt sich von einem attraktiven Verkäufer beraten, da sie eine bessere Beratung erwartet als von „normalen" Verkäufern.
Deckeneffekt	Für den Vorgesetzten ist es leichter, wenn er den zu Beurteilenden gleich oder besser als im Vorjahr bewertet. Dadurch verbessern sich von Jahr zu Jahr die Beurteilungen.
Nikolaus-Effekt	Die Mitarbeiter wissen, dass demnächst eine Beurteilung ansteht und geben sich kurzzeitig mehr Mühe.
Hierarchie-Effekt	Mitarbeiter in höheren Positionen werden besser bewertet als Mitarbeiter in unteren Positionen.
Tendenz zur Mitte	Der Beurteiler gibt mittlere Werte im Beurteilungsverfahren ab.
Tendenz zur Milde	Aufgrund der Gutmütigkeit des Beurteilers fällt die Beurteilung zu milde aus.
Erster Eindruck	Der Beurteiler bewertet aufgrund des ersten Eindrucks und beachtet weitere Informationen nicht.
Recency-Effekt	Der Beurteiler erinnert sich eher an kürzlich vorgekommene Ereignisse und bewertet diese höher.
Protektionsfehler	Der Beurteiler begünstigt einen Mitarbeiter aus Sorge vor Rechtfertigungen oder Sympathie.
Kleber-Effekt	Leistungen von kürzlich beförderten Mitarbeitern werden überschätzt und Leistungen von Mitarbeitern, die länger nicht befördert wurden, werden unterschätzt. Der Beurteiler „klebt" mit seinen Beurteilungen am Werdegang des Beurteilten.

Situation
Erarbeitung
Zusatz
Forder

b) Entwickeln Sie Grundsätze für die Personalbeurteilung.

2. Schreiben Sie auf, wo Sie beruflich in zehn Jahren sein wollen und wie Sie diese Ziele erreichen. Berücksichtigen Sie dabei gegebenenfalls die Maßnahmen der Personalentwicklung. Besprechen Sie Ihre Ergebnisse mit einem Mitschüler.

13.8 Mitarbeitermotivation

Erarbeitungsaufgaben

1. Viele Unternehmen bieten ihren Mitarbeitern flexible Arbeitszeitmodelle. Beschreiben Sie, welche Arbeitszeitmodelle es in Ihren Ausbildungsbetrieben gibt.

2. Mithilfe verschiedener Maßnahmen zur Arbeitsplatzgestaltung können Einzelhändler ihre Mitarbeiter motivieren.

   a) Nennen Sie Maßnahmen zur Arbeitsplatzgestaltung.

b) Überlegen Sie, ob diese Maßnahmen tatsächlich zur Motivation der Mitarbeiter geeignet sind.

....

....

....

....

3. Begründen Sie, welche Möglichkeiten zur Motivation der Mitarbeiter Sie für besonders wirkungsvoll halten.

....

....

....

....

....

4. Die Mitarbeitermotivation hat in vielen Einzelhandelsbetrieben einen hohen Stellenwert. Eine Möglichkeit dabei ist die Motivation durch Entlohnungssysteme. Prüfen Sie folgende Beispiele und kreuzen Sie das Beispiel an, bei dem kein Anreiz durch Entlohnung vorliegt.

a) angemessene Vergütung ☐

b) flexible Arbeitszeit ☐

c) Beteiligungen am Unternehmen ☐

d) Firmenwagen ☐

e) Tankgutschein ☐

f) betriebliche Altersversorgung ☐

Zusatzaufgaben

1. Zählen Sie fünf Möglichkeiten der Mitarbeitermotivation auf.

....

....

....

2. Nennen Sie unterschiedliche Entlohnungssysteme zur Mitarbeitermotivation.

....

....

....

3. Die Arbeitsplatzgestaltung ist eine Möglichkeit der Mitarbeitermotivation.

a) Beschreiben Sie, womit sich die Arbeitsplatzgestaltung beschäftigt.

....

....

Situation
Erarbeitung
Zusatz
Forder

b) Nennen und erläutern Sie drei Maßnahmen der Arbeitsplatzgestaltung.

Maßnahmen der Arbeitsplatzgestaltung		

4. a) Erläutern Sie, was flexible Arbeitszeitmodelle sind.

....

....

b) Beschreiben Sie die unterschiedlichen flexiblen Arbeitszeitmodelle.

....

....

....

....

....

....

....

....

....

....

....

....

13.9 Umgang mit Konflikten

Erarbeitungsaufgaben

1. Zur Behandlung von Konflikten kann das Konfliktmanagement angewandt werden. Ein erfolgreiches Konfliktmanagement durchläuft verschiedene Phasen. Bringen Sie die Phasen durch Einsetzen der Ziffern 1 bis 6 in die richtige Reihenfolge.

- ☐ Kontrolle
- ☐ Ziel verfassen und festlegen
- ☐ Ursache des Konflikts analysieren
- ☐ Entscheidung treffen und umsetzen
- ☐ Probleme mitteilen
- ☐ Lösungen suchen

5506144

2. Überlegen Sie einen Konflikt, den Sie selbst im Ausbildungsbetrieb erlebt oder beobachtet haben.

   a) Einigen Sie sich zunächst auf bestimmte Grundsätze der Gesprächsführung.

   ....

   ....

   ....

   ....

   ....

   b) Versuchen Sie in einem Rollenspiel mithilfe des Konfliktmanagements den Konflikt zu lösen.

Zusatzaufgaben

1. Erläutern Sie, wozu ein Konfliktmanagement dient.

   ....

   ....

   ....

2. Nennen Sie die Phasen eines erfolgreichen Konfliktmanagements.

   ....

   ....

   ....

   ....

   ....

   ....

13.8–13.9 Mitarbeitermotivation/Umgang mit Konflikten

Forderaufgaben

1. Die Arbeitszeitgestaltung ist eine Möglichkeit der Mitarbeitermotivation. Zur Arbeitszeitgestaltung gehört auch Arbeit auf Abruf.

   a) Informieren Sie sich über diese Art der Arbeitszeitgestaltung.

Arbeit auf Abruf: Bei der Arbeit auf Abruf oder Abrufarbeit vereinbart der Einzelhändler mit dem Arbeitnehmer eine durchschnittliche wöchentliche Arbeitszeit (z. B. 15 Stunden/Woche) sowie eine tägliche Arbeitszeit. Innerhalb dieser Arbeitszeit kann die Arbeitsleistung des Mitarbeiters entsprechend betrieblicher Erfordernisse festgelegt werden. Das bedeutet, dass der Einzelhändler den Arbeitnehmer immer dann „abrufen" kann, wenn im Betrieb Arbeit anfällt. Allerdings muss der Arbeitnehmer die Arbeitsleistung nur dann erbringen, wenn der Arbeitgeber den Abruf mindestens vier Tage im Voraus mitteilt.

Situation
Erarbeitung
Zusatz
Forder

b) Sammeln Sie Vorteile und Nachteile der Arbeit auf Abruf sowohl für den Arbeitgeber als auch für den Arbeitnehmer.

	Vorteile	Nachteile
Arbeitgeber		
Arbeitnehmer		

2. „Geld ist nicht alles". Interpretieren Sie diese Aussage vor dem Hintergrund der Mitarbeitermotivation.

3. Im Rahmen eines Konfliktmanagements werden Ziele festgelegt.

a) Begründen Sie, warum die Umsetzung der Zielvereinbarungen im Konfliktmanagement kontrolliert werden müssen.

b) Beschreiben Sie Rahmenbedingungen, damit eine Kontrolle umgesetzt werden kann.

5506146

13.10 Personalentlohnung

Erarbeitungsaufgaben

1. Erläutern Sie den Begriff Bruttolohn.

....

....

....

2. Entscheiden Sie, welche Aussagen richtig **R** oder falsch **F** sind.

a) Ein Arbeitgeber muss die Mitarbeiter anleiten, für die Arbeit einteilen und die Arbeit bezahlen. ☐

b) Am Ende des Monats muss jeder Mitarbeiter seinen Lohn selbst ausrechnen. ☐

c) Die Höhe der Entlohnung wird im Ausbildungs- oder Arbeitsvertrag festgelegt. ☐

d) Die Höhe der Entlohnung wird in Tarifverträgen geregelt. ☐

e) Tarifvertrag ist ein Vertrag, den der Arbeitgeber mit dem Mitarbeiter abschließt. ☐

f) Der Arbeitnehmer bekommt immer den Bruttolohn auf sein Konto überwiesen. ☐

g) Beim Zeitlohn ist Maßstab der Bezahlung immer die Arbeitszeit. ☐

h) Beim Leistungslohn richtet sich die Höhe der Bezahlung immer nach der erbrachten Leistung. ☐

i) Die Ausbildungsvergütung ist ein Leistungslohn. ☐

j) Prämienlohn ist eine Form der Leistungsentlohnung und wird im Einzelhandel überwiegend angewendet. ☐

3. Schauen Sie sich Ihre letzte Lohnabrechnung an. Nennen Sie die Lohnform, die Ihr Arbeitgeber angewendet hat.

....

4. Cornelia Lüke aus der Damenabteilung des Modehauses Müller arbeitet nur stundenweise als Aushilfe. Sie erhält einen Lohn pro Stunde von 11,50 €. Im Monat März hat sie 120 Stunden im Modehaus gearbeitet. Berechnen Sie den Bruttolohn für Frau Lüke für den Monat März.

....

....

....

5. Günter Seidel arbeitet im Lager des Modehauses Müller. Er ist ausschließlich für das Entladen der Paletten zuständig. Für jede abgefertigte Palette erhält er einen Stücklohn von 6,00 €. Im Monat März kann Herr Seidel 314 Paletten abladen. Berechnen Sie für Herrn Seidel den Bruttolohn für den Monat März.

....

....

....

6. Carsten Dreier aus der Herrenabteilung wird umsatzabhängig entlohnt. Er erhält zusätzlich zu seinem Gehalt von 2.300,00 € monatlich eine Umsatzprämie. Berechnen Sie den Bruttolohn im Monat März für Carsten Dreier. Berücksichtigen Sie dabei die Vereinbarung, die Herr Dreier mit seinem Vorgesetzten getroffen hat.

Fortsetzung siehe folgende Seite

Situation
Erarbeitung
Zusatz
Forder

> Vereinbarung zur umsatzabhängigen Entlohnung von Herrn Carsten Dreier:
>
> Carsten Dreier muss im Monat einen Mindestumsatz von 8.000,00 € erreichen. Von jedem Euro Umsatz, den er mehr verkaufen kann, erhält er 0,12 € zu seinem Lohn dazu.
>
> Die neue Frühjahrskollektion belebt das Geschäft im März. Herr Dreier kann seinem Abteilungsleiter am Monatsende einen erreichten Umsatz von 9.785,00 € melden.

7. Markus Sebaldt, stellvertretender Abteilungsleiter der Sportabteilung im Modehaus Müller, erhält laut Arbeitsvertrag ein monatliches Festgehalt als Zeitlohn von 2.100,00 €. Er muss im Monat dafür einen Umsatz von 90.000,00 € in der Sportabteilung erwirtschaften. Dieser Monatsumsatz entspricht 100,0 %. Für jedes Prozent Übererfüllung erhält er eine Prämie von 15,00 € zusätzlich zu seinem Gehalt. Die Sportabteilung kann im Monat März einen Umsatz von 103.500,00 € erreichen. Berechnen Sie den Bruttolohn für Herrn Sebaldt.

8. Entscheiden Sie, welche Aussagen richtig **R** oder falsch **F** sind.

a) Lohnsteuer müssen nur Mitarbeiter zahlen, die sehr viel Geld verdienen. ☐

b) Lohnsteuer zahlen alle Mitarbeiter immer in gleicher Höhe. ☐

c) Die Höhe der Lohnsteuer ist unterschiedlich. Sie richtet sich nach der Lohnsteuerklasse des Mitarbeiters. ☐

d) In Deutschland gibt es zurzeit sechs Lohnsteuerklassen. ☐

e) Mithilfe der eingenommenen Lohnsteuer bezahlt der Staat die Lehrer. ☐

f) Mit dem Solidaritätszuschlag wird die deutsche Wiedervereinigung bezahlt. ☐

g) Der Solidaritätszuschlag muss nur von Arbeitnehmern in den neuen Bundesländern bezahlt werden. ☐

h) Kirchensteuer müssen nur Mitarbeiter zahlen, die der evangelischen oder katholischen Kirche angehören. ☐

i) Die steuerlichen Merkmale für den Arbeitnehmer erfährt der Arbeitgeber nur, wenn er den Mitarbeiter danach fragt. ☐

j) Das Finanzamt übermittelt elektronisch alle steuerlichen Merkmale des Arbeitnehmers an den Arbeitgeber. ☐

5506148

9. Sie sind heute zur Schule gekommen. Überlegen Sie, ob es heute schon Situationen oder Momente gab, wofür der Staat die Lohnsteuer, die von Arbeitnehmern einbehalten wird, verwenden musste.

10. Erläutern Sie, welche Aufgabe der Generationenvertrag hat und warum er nicht mehr in seiner ursprünglichen Form erhalten bleiben kann.

11. Anna Potthast ist Abteilungsleiterin in der Kinderabteilung des Modehauses Müller. Sie erhält seit 01.01.2013 ein monatliches Gehalt von 4.550,00 €. Überprüfen Sie, ob Frau Potthast sich ab 2014 privat krankenversichern kann.

12. Reiner Rekorus ist Bilanzbuchhalter in der Verwaltung des Modehauses Müller. Er erhält seit 01.01.2013 ein monatliches Gehalt von 4.400,00 €. Überprüfen Sie, ob Herr Rekorus sich ab 2014 privat krankenversichern kann.

Situation
Erarbeitung
Zusatz
Forder

13. Vervollständigen Sie folgenden Text durch Einsetzen der richtigen Begriffe.

allein/älter/Arbeitgeber/Arbeitnehmer/Arbeitslosenversicherung/Auszubildenden/Beiträge/Beitragsbemessungsgrenze/Berufsgenossenschaft/einheitlichen/fünf/gesetzlich/Kinder/Krankenkasse/Krankenversicherung/Mitarbeiter/monatlich/neu/Pflegekasse/Pflegeversicherung/privater/Rentenversicherung/Unfallversicherung/Versicherungspflichtgrenze/Zusatzbeitrag

Das System der gesetzlichen Sozialversicherung in Deutschland besteht aus .... Säulen. Das sind die ...., die ...., die ...., die .... und die .... An der Finanzierung der Sozialversicherungsbeiträge müssen sich .... und .... gemeinsam beteiligen. Jeder Arbeitnehmer ist Pflichtmitglied in einer gesetzlichen .... Ausnahmen gibt es nur für Mitarbeiter, die die .... überschritten haben. Alle gesetzlichen Krankenkassen haben einen .... Beitragssatz, der gesetzlich festgelegt ist. Beitragspflichtiger Bruttolohn in der Krankenversicherung ist dabei der Bruttoverdienst des Arbeitnehmers bis zur .... Der Arbeitgeber muss für jeden Mitarbeiter die Beiträge .... ausrechnen.

Alle .... Krankenversicherten sind gleichzeitig Mitglied der .... ihrer Krankenkasse. Freiwillig Versicherte können zwischen .... oder gesetzlicher Pflegekasse wählen. Arbeitnehmer, die .... als 23 Jahre sind und noch keine .... haben, müssen zur Pflegeversicherung einen gesetzlichen .... zahlen.

Wenn ein Einzelhändler .... beschäftigt, ist er Pflichtmitglied in der .... des Einzelhandels. Über die Berufsgenossenschaft sind alle Arbeitnehmer und .... des Einzelhandels während der Arbeit versichert. Die .... zur Unfallversicherung übernimmt der Arbeitgeber .... Ihre Höhe wird jährlich durch die Berufsgenossenschaft .... festgelegt.

14. Berechnen Sie für folgende in Hessen lebende Mitarbeiter die Beiträge zur Krankenversicherung, zur Rentenversicherung, zur Arbeitslosenversicherung und zur Pflegeversicherung. Ergänzen Sie zunächst in der Übersichtstabelle die geltenden Beitragsbemessungsgrenzen und Beiträge zu den jeweiligen Versicherungen.

a) Claudia Frönitz, Bruttolohn:
1.990,00 €, Alter: 25 Jahr, Kinder: ja

b) Luise Lütgemeier, Bruttolohn:
2.670,00 €, Alter: 31 Jahre, Kinder: ja

c) Sonja Lederer, Bruttolohn:
1.850,00 €, Alter: 22 Jahre, Kinder: nein

d) Reiner Rekorus, Bruttolohn:
4.300,00 €, Alter: 44 Jahre, Kinder: ja

e) Anja Teuber, Bruttolohn:
2.125,00 €, Alter: 24 Jahre, Kinder: nein

Situation
Erarbeitung
Zusatz
Forder

Versicherung		KV	RV	AV	PV
Beitragsbemessungsgrenze Hessen					
Beitrag in %	gesamt				
	Arbeitnehmer				
	Arbeitgeber				
Zusatzbeitrag zur PV für kinderlose AN ab dem 23. Lebensjahr, trägt AN allein, in %					

Versicherung		a) Claudia Frönitz	b) Luise Lütgemeier	c) Sonja Lederer	d) Reiner Rekorus	e) Anja Teuber
KV	beitragspflichtiger Bruttolohn					
	Gesamtbeitrag					
	Arbeitnehmer					
	Arbeitgeber					
RV	beitragspflichtiger Bruttolohn					
	Gesamtbeitrag					
	Arbeitnehmer					
	Arbeitgeber					
AV	beitragspflichtiger Bruttolohn					
	Gesamtbeitrag					
	Arbeitnehmer					
	Arbeitgeber					
PV	beitragspflichtiger Bruttolohn					
	Gesamtbeitrag					
	Arbeitnehmer					
	Arbeitgeber					

15. Luise Lütgemeier bekommt im Modehaus Müller ein Gehalt von 2.670,00 €. Sie fährt einen kleinen Dienstwagen zur Erledigung auswärtiger Geschäfte. Den Dienstwagen darf sie auch privat nutzen. Bei der Lohnabrechnung wird er monatlich mit 350,00 € als Sachbezug angerechnet. Berechnen Sie Gesamtbruttolohn, steuerpflichtigen Bruttolohn und beitragspflichtigen Bruttolohn von Frau Lütgemeier.

Gesamtbruttolohn	steuerpflichtiger Bruttolohn	beitragspflichtiger Bruttolohn

Situation
Erarbeitung
Zusatz
Forder

16. Werner Rothaar arbeitet im Lager des Modehauses Müller. Er erhält einen Lohn pro von 16,00 € pro Stunde. Er hat im Monat 160 Stunden gearbeitet. Außerdem bekommt er für 10 Stunden steuer- und sozialversicherungsfreie Nachtzuschläge von 4,00 € pro Stunde. Berechnen Sie Gesamtbruttolohn, steuerpflichtigen Bruttolohn und beitragspflichtigen Bruttolohn von Herrn Rothaar.

Gesamtbruttolohn	steuerpflichtiger Bruttolohn	beitragspflichtiger Bruttolohn

17. Lars Waldemoden aus der Herrenabteilung des Modehauses Müller bekommt ein Monatsgehalt von 3.000,00 €. Er legt dem Arbeitgeber einen Sparvertrag über vermögenswirksame Leistungen in Höhe von monatlich 30,00 € vor. Berechnen Sie den Gesamtbruttolohn, den steuerpflichtigen Bruttolohn und den beitragspflichtige Bruttolohn unter den genannten Voraussetzungen.

a) Der Arbeitgeber bezahlt die vermögenswirksamen Leistungen zusätzlich zum Gehalt.	**b)** Der Arbeitgeber wandelt einen Teil des Gehalts in vermögenswirksame Leistungen um.

18. Miriam Tetzlaff vom Sportgeschäft Aslan erhält von ihrem Arbeitgeber einen Nettolohn von 1.972,30 €. Sie lässt davon die Miete für ihre Wohnung in Höhe von 466,00 € abziehen. Außerdem übernimmt der Arbeitgeber die Kosten für den Kindergartenplatz in Höhe von 325,00 €. Diesen Betrag überweist der Arbeitgeber zusätzlich zum Nettolohn. Ermitteln Sie den Auszahlungsbetrag für Frau Tetzlaff.

19. Larissa Antonowa erhält von ihrem Arbeitgeber, dem Schuhgeschäft Graziano, einen Nettolohn im dritten Ausbildungsjahr von 993,00 €. Davon spart sie vermögenswirksame Leistungen von monatlich 35,00 €, die der Arbeitgeber an das Anlageinstitut überweist. Derzeit nimmt sie an einem Sprachkurs teil, der monatlich 60,00 € kostet. Ihr Arbeitgeber beteiligt sich daran mit 20,00 € und überweist den Betrag monatlich zusätzlich zum Nettolohn. Ermitteln Sie den Auszahlungsbetrag für Larissa.

5506152

Situation
Erarbeitung
Zusatz
Forder

20. Erstellen Sie die kompletten Entgeltabrechnungen für die folgenden Personen, die in Hessen leben und die in der Tabelle abgebildeten steuerlichen Merkmale besitzen. Benutzen Sie für die Ermittlung der Steuerabzugsbeträge den Abgabenrechner des Bundesfinanzministeriums unter www.abgabenrechner.de. Erstellen Sie in Ihren Unterlagen ein Abrechnungsformular oder nutzen Sie das Formular, das Sie als Download unter www.winklers.de, Suche: 5506, Downloads, 5506_LF13_13.10_Abrechnungsformular.pdf, finden.

Name	Steuerklasse	Kinderfreibetrag	Religion	individueller Steuerfreibetrag
Brenner, Matthias	I	0,5	keine	150,00 €
Fernandez, Lilli	I	0	evangelisch	
Lammersen, Sofia	IV	2,0	römisch-katholisch	
Maschmann, Denise	II	1,0	evangelisch	
Peters, Richard	I	0	evangelisch	
Seiler, Peter	I	0	keine	
Simon, Michaela	III	3,0	römisch-katholisch	50,00 €

a) Peter Seiler ist Auszubildender im Schuhgeschäft Graziano. Seine im Ausbildungsvertrag vereinbarte Ausbildungsvergütung beträgt 780,00 €. Peter ist 20 Jahre alt und hat noch keine Kinder.

b) Lilli Fernandez ist Auszubildende im Sportgeschäft Aslan. Ihre im Ausbildungsvertrag vereinbarte Ausbildungsvergütung beträgt 865,00 €. Der Arbeitgeber zahlt zusätzlich vermögenswirksame Leistungen von 31,00 €, die er an die Sparkasse Neustadt monatlich überweist. Lilli ist 21 Jahre alt und hat noch keine Kinder.

c) Denise Maschmann arbeitet in der Kinderabteilung des Modenhauses Müller. Sie erhält laut Arbeitsvertrag ein Gehalt von 2.999,00 €. In diesem Monat wird sie als freundlichste Verkäuferin ermittelt und erhält zusätzlich zu ihrem Gehalt 150,00 € Prämie. Frau Maschmann ist 32 Jahre alt und hat ein Kind.

d) Matthias Brenner arbeitet in der Herrenabteilung des Modenhauses Müller. Er erhält ein Gehalt von 2.800,00 €. Von seinem Nettolohn zahlt er den Unterhalt in Höhe von 255,00 € an seinen Sohn. Das Modehaus Müller überweist den Betrag direkt auf das Konto der Kindesmutter. Herr Brenner ist 21 Jahre alt und hat ein Kind.

e) Sofia Lammersen arbeitet als stellvertretende Abteilungsleiterin in der Kinderabteilung des Modenhauses Müller. Sie erhält ein Grundgehalt von 3.200,00 €. Zusätzlich bekommt sie monatlich eine Umsatzprämie von 10 % der Umsatzübererfüllung. In diesem Monat betrug der Sollumsatz ihrer Abteilung 15.400,00 €. Frau Lammersen konnte durch klugen Personaleinsatz einen Umsatz von 17.100,00 € erzielen. Frau Lammerson ist 28 Jahre alt und hat zwei Kinder.

f) Michaela Simon ist Bereichsleiterin Taschen und Zubehör des Schuhgeschäfts Graziano. Sie erhält ein Gehalt von 3.900,00 €. Es sind sehr teure Taschen von Joop im Angebot. Für jede dieser Taschen, die abgesetzt werden kann, erhält Frau Simon zusätzlich zum Gehalt 18,00 €. Frau Simon konnte im Monat fünf Joop-Taschen absetzten. Michaela Simon ist 32 Jahre alt und hat drei Kinder.

g) Richard Peters arbeitet als Verkäufer im Schuhgeschäft Graziano. Er erhält ein Gehalt von 2.150,00 €. Zusätzlich erhält er eine Umsatzprämie. Für jedes Prozent Umsatzübererfüllung erhält er 30,00 € zusätzlich zum Gehalt. Am Monatsende kann folgender Umsatz abgerechnet werden: Soll-Umsatz 8.500,00 €, Ist-Umsatz 9.265,00 €. Zusätzlich zum Gehalt zahlt der Arbeitgeber vermögenswirksame Leistungen in Höhe von 37,50 €. Von seinem Arbeitgeber erhält er monatlich einen steuerfreien Fahrtkostenzuschuss für den Weg zur Arbeit von 50,00 €. Herr Peters ist 27 Jahre alt und hat noch keine Kinder.

Situation
Erarbeitung
Zusatz
Forder

Zusatzaufgaben

1. Bestimmung des Nettolohns

a) Ergänzen Sie die nachstehende Formel.

Bruttolohn

– ....

= Nettolohn

b) Erläutern Sie kurz den fehlenden Begriff.

....

....

c) Erläutern Sie den Begriff Nettolohn.

....

....

2. Erläutern Sie die Lohnformen Zeitlohn und Leistungslohn und legen Sie jeweils die Berechnung dar.

	Zeitlohn	**Leistungslohn**
Erläuterung		
Berechnung		

3. Vervollständigen Sie den folgenden Text durch Einsetzen der richtigen Begriffe.

8 %/Abgabenrechner/Arbeitgeber/Arbeitsverhältnis/Deutschland/Finanzamt/Kirchensteuer/Lohnsteuer/Lohnsteuertabelle/sechs

Die Lohnsteuer müssen alle Mitarbeiter zahlen, die in .... wohnen und hier Geld in einem .... verdienen. Damit der Arbeitgeber weiß, bei welchem Mitarbeiter er wie viel Lohnsteuer einbehalten muss, bekommt er Informationen vom .... Es gibt .... Steuerklassen:
Die .... kann der Arbeitgeber aufgrund dieser Angaben vom Finanzamt aus einer .... ablesen. Der Solidaritätszuschlag beträgt 5,5 % von der Lohnsteuer. Die Höhe des Solidaritätszuschlags kann der Arbeitgeber ebenfalls aus der Lohnsteuertabelle ablesen oder mit dem interaktiven .... berechnen lassen. Die Höhe der .... ist abhängig vom Bundesland, in dem der Arbeitgeber seinen Firmensitz hat. Sie beträgt derzeit .... oder 9 % der Lohnsteuer. Die einbehaltene Lohnsteuer, Kirchensteuer und den Solidaritätsbetrag muss der .... monatlich an das Finanzamt überweisen.

Situation
Erarbeitung
Zusatz
Forder

4. Geben Sie an, in welche Lohnsteuerklassen die folgenden Personen einzuordnen sind.

Person	Lohnsteuerklasse
a) Antje Kluge lebt mit ihrem Mann zusammen und hat keine Kinder.	
b) Stefan Stangor ist nicht verheiratet und lebt allein mit seinem 11-jährigen Sohn.	
c) Katrin Lichte ist nicht verheiratet und hat keine Kinder.	
d) Antje Kluge hat einen Zweitjob: Sie arbeitet mit dem Einverständnis ihres ersten Arbeitgebers jeden zweiten Samstag als Verkaufshilfe in einer Damenboutique.	
e) Cora Kranich ist verheiratet. Ihr Mann hat die Steuerklasse V.	
f) Kira Kranich ist verheiratet. Seit vier Jahren lebt sie getrennt von ihrem Mann.	
g) Constanze Kluge ist seit drei Jahren verwitwet.	

5. Berechnen Sie die steuerlichen Abzüge.

a) Ermitteln Sie für folgende Mitarbeiter die steuerlichen Abzüge aus der Lohnsteuertabelle.

Name	Bruttolohn (€)	Steuer-klasse	Kinder-freibetrag	Religion	steuerliche Abzüge (€)
Anika Haselmeier	1.975,00	I	0	evangelisch	
Ole Simon	2.630,00	III	2,0	keine	
Sarah Wiegand	4.122,00	IV	1,0	römisch-katholisch	
Madita Klewe	1.743,00	V	1,0	evangelisch	
Luis Föller	3.219,00	IV	4,0	römisch-katholisch	
Sven Sörensen	865,00	I	0	keine	
Jens Kanne	865,00	IV	0	keine	
Denise Maschmann	2.999,00	II	1,0	keine	
Luna Seeboldt	1.483,00	V	0	evangelisch	
Bernd Tigges	5.266,00	IV	3,0	evangelisch	

b) Überprüfen Sie Ihre Berechnungen mit dem Abgabenrechner des Bundesfinanzministeriums.

Situation
Erarbeitung
Zusatz
Forder

6. Ergänzen Sie die folgende Übersicht.

Soziale Absicherung in Deutschland				
	Unfallversicherung			Pflegeversicherung
seit 1883	seit 1884	seit 1889	seit 1927	seit

7. Erläutern Sie die Begriffe Solidarsystem und Generationenvertrag.

Solidarsystem

....

....

....

Generationenvertrag

....

....

....

8. Entscheiden Sie, welche Aussagen richtig **R** oder falsch **F** sind.

a) Die soziale Absicherung in Deutschland besteht aus der Krankenversicherung, der Pflegeversicherung und der Unfallversicherung. ☐

b) Die soziale Absicherung in Deutschland besteht aus der Krankenversicherung, der Pflegeversicherung und der Arbeitslosenversicherung. ☐

c) Die soziale Absicherung in Deutschland besteht aus der Krankenversicherung, der Pflegeversicherung, der Arbeitslosenversicherung, der Rentenversicherung und der Unfallversicherung. ☐

d) Jeder Mitarbeiter muss an alle fünf Zweige der sozialen Absicherung Monatsbeiträge bezahlen. ☐

e) Die Beiträge zur Unfallversicherung trägt der Arbeitgeber allein. ☐

f) Der Beitrag zur Pflegeversicherung beträgt für alle Mitarbeiter zurzeit 1,025 %. ☐

g) Der Beitrag zur Pflegeversicherung ist für die Mitarbeiter unterschiedlich. Wer keine Kinder hat oder in Sachsen wohnt, muss mehr bezahlen. ☐

h) Der Beitrag zur Krankenversicherung ist für den Arbeitnehmer und den Arbeitgeber gleich hoch. ☐

i) Der Beitrag zur Rentenversicherung ist für den Arbeitnehmer und den Arbeitgeber gleich hoch. ☐

j) Die Höhe der Beitragsbemessungsgrenzen ist in allen Zweigen der Sozialversicherung gleich. ☐

9. Erklären Sie den Unterschied zwischen Versicherungspflichtgrenze und Beitragsbemessungsgrenze.

Versicherungspflichtgrenze	Beitragsbemessungsgrenze

10. Berechnen Sie den Nettolohn für folgende Personen, die in Hessen leben und die in der Tabelle abgebildeten steuerlichen Merkmale besitzen. Benutzen Sie für die Ermittlung der Steuerabzugsbeträge den Abgabenrechner des Bundesfinanzministeriums unter www.abgabenrechner.de. Erstellen Sie in Ihren Unterlagen ein Abrechnungsformular oder nutzen Sie das Formular, das Sie als Download unter www.winklers.de, Suche: 5506, Downloads, 5506_LF13_13.10_Abrechnungsformular.pdf, finden.

Name	Steuerklasse	Kinderfreibetrag	Religion
Flügel, Bruno	IV	1,0	römisch-katholisch
Haselmeier, Anika	I	0	evangelisch
Tigges, Bernd	III	3,0	evangelisch
Wiegand, Sarah	IV	1,0	römisch-katholisch

a) Bruno Flügel ist 29 Jahre alt und erhält einen steuer- und beitragspflichtigen Bruttolohn in Modehaus Müller von 2.494,50 €.

b) Anika Haselmeier ist 28 Jahre alt und erhält einen steuer- und beitragspflichtigen Bruttolohn im Sportgeschäft Aslan von 1.975,00 €. Kinder hat sie noch keine.

c) Sarah Wiegand ist 33 Jahre alt und erhält einen steuer- und beitragspflichtigen Bruttolohn im Schuhgeschäft Graziano von 4.122,00 €.

d) Bernd Tigges ist 42 Jahre alt und erhält einen steuer- und beitragspflichtigen Bruttolohn im Modehaus Müller von 5.266,00 €.

13.11 Beendigung von Arbeitsverhältnissen

Erarbeitungsaufgaben

1. Entscheiden Sie in nachstehenden Fällen, wann der letzte Arbeitstag ist.

Fall	Kündigungsfrist	letzter Arbeitstag
a) Frau Müller kündigt am 02.05. ihr Arbeitsverhältnis zum nächstmöglichen Termin.		
b) Firma Rogo (20 MA) kündigt Herrn Weis (50 Jahre alt, Betriebszugehörigkeit 20 Jahre) am 03.03. zum nächstmöglichen Termin.		
c) Supermarkt Eils (30 MA) kündigt Frau Dierks (35 Jahre alt, Betriebszugehörigkeit 8 Jahre) am 29.10. zum nächstmöglichen Termin.		
d) Elektrofachgeschäft Geede (15 MA) kündigt Dieter Zores (27 Jahre alt, Betriebszugehörigkeit 2 Jahre) am 02.05. zum nächstmöglichen Termin.		

Situation
Erarbeitung
Zusatz
Forder

2. Entscheiden Sie in nachstehenden Fällen, bis zu welchem Termin die Kündigung spätestens ausgesprochen werden muss.

Fall	Kündigungsfrist	spätester Kündigungstermin
a) Herr Redora kündigt sein Arbeitsverhältnis und möchte seinen letzten Arbeitstag am 31.08. haben.		
b) Elektro Seger KG (15 MA) möchte Herrn Fehrer (45 Jahre alt, Betriebszugehörigkeit 15 Jahre) zum 31.07. kündigen.		
c) Schuhhaus Sodering OHG (25 MA) kündigt Frau Mehres (54 Jahre alt, 24 Jahre Betriebszugehörigkeit) zum 31.01.		
d) Einzelhändler Sigger (12 MA) kündigt Rene Wollers (30 Jahre alt, 5 Jahre Betriebszugehörigkeit) zum 30.06.		

3. Entscheiden Sie, für welche der folgenden Personengruppen der besondere Kündigungsschutz nicht gilt. Geben Sie die richtige Lösung an.

a) werdende Mütter ☐
b) Mitglieder des Betriebsrats während der Amtszeit und bis zu einem Jahr nach Ende der Amtszeit
c) Personen während der Elternzeit
d) Aushilfskräfte
e) Auszubildende nach Ende der Probezeit
f) Datenschutzbeauftragte

4. Prüfen Sie, welcher der nachfolgenden Gründe nicht zu einer außerordentlichen Kündigung berechtigen (weder Arbeitgeber noch Arbeitnehmer). Geben Sie die richtige Lösung an.

a) Diebstahl ☐
b) wiederholte Unpünktlichkeit
c) Tätlichkeiten
d) Mobbing
e) Betrug bei der Erfassung der Arbeitszeit
f) erschlichene Arbeitsunfähigkeitsbescheinigung

Zusatzaufgaben

1. Nennen Sie die Möglichkeiten, ein Arbeitsverhältnis zu beenden.

....

....

....

....

5506158

2. Erläutern Sie die folgenden Arten der Kündigung.

Arten der Kündigung	
ordentliche Kündigung	
außerordentliche Kündigung	
Änderungskündigung	

3. Geben Sie für folgende Fälle an, ob sie eine ordentliche Kündigung oder außerordentliche Kündigung durch den Arbeitgeber oder den Arbeitnehmer rechtfertigen. Tragen Sie ein:

1 ordentliche Kündigung durch den Arbeitgeber,

2 ordentliche Kündigung durch den Arbeitnehmer,

3 außerordentliche Kündigung durch den Arbeitgeber,

4 außerordentliche Kündigung durch den Arbeitnehmer,

5 nichts trifft zu.

a) In einem Betrieb sind private Telefonate laut Betriebsvereinbarung verboten. Trotzdem telefoniert eine Mitarbeiterin, trotz Abmahnung, privat. ☐

b) Ein Mitarbeiter wird von seiner Vorgesetzten kritisiert. So sagt sie, er sei schlampig, solle mal Laufen gehen, er arbeite mit 60 Stunden pro Woche zu wenig. Außerdem entzieht sie ihm immer wieder ohne Grund Aufgaben. ☐

c) Ein Mitarbeiter kommt häufig zu spät aus der Mittagspause zurück. Eine Abmahnung hat er deshalb nicht erhalten. ☐

d) Ein Mitarbeiter möchte das Unternehmen verlassen, da er von einem anderen Unternehmen ein gutes Angebot hat. Die Stelle muss er sofort antreten. ☐

e) Ein Mitarbeiter in einem Baustoffhandel entwendet immer wieder Materialien, die er für seinen privaten Hausbau benötigt. ☐

f) Ein Abteilungsleiter nimmt mehrere Urlaubsreisen an, die ihm ein Lieferant des Unternehmens bezahlt. Deshalb vergibt er die Aufträge nur an diesen Lieferanten. ☐

4. Allgemeiner Kündigungsschutz

a) Beschreiben Sie den einfachen (allgemeinen) Kündigungsschutz.

....

....

b) Nennen Sie die Voraussetzungen für den einfachen Kündigungsschutz.

....

....

Situation
Erarbeitung
Zusatz
Forder

c) Nennen und erläutern Sie Gründe, die den einfachen Kündigungsschutz aufheben.

5. Besonderer Kündigungsschutz

a) Stellen Sie den Zweck des besonderen Kündigungsschutzes dar.

b) Nennen Sie die Personengruppen, die einen besonderen Kündigungsschutz genießen.

6. Unterscheiden Sie das einfache und das qualifizierte Arbeitszeugnis.

einfaches Arbeitszeugnis	qualifiziertes Arbeitszeugnis

Situation
Erarbeitung
Zusatz
Forder

13.10–13.11 Personalentlohnung/Beendigung von Arbeitsverhältnissen

Forderaufgaben

1. Entscheiden Sie in folgenden Fällen, ob die Kündigung wirksam ist.

Fall	Kündigung wirksam?
a) Frau Weege hat sich mehrmals über ihren Kollegen aufgeregt. Der hat sie ohne Grund mehrmals beleidigt, indem er sie „dumme Kuh“ und „nutzlose Mitarbeiterin“ genannt hat. Als es ihr zu viel wird, ohrfeigt sie ihren Kollegen. Ihr Arbeitgeber kündigt ihr fristlos wegen Tätlichkeit.	
b) Herr Beizal ist Mitglied des Betriebsrats im Einkaufszentrum Heisel. Er kündigt sein Arbeitsverhältnis fristgerecht.	
c) Frau Stahl ist Vorsitzende des Betriebsrats im Elektrofachmarkt Schön GmbH. Ihr wird fristgerecht von ihrem Arbeitgeber gekündigt.	
d) Herr Seerend ist Mitarbeiter im Einkauf im Spielwarengeschäft Meyer GmbH. Nach Feierabend hilft er einem Freund, der einen Online-Spielwarenhandel betreibt und kümmert sich um die Beschaffung der Waren. Der Geschäftsführer des Spielwarengeschäft Meyer GmbH erfährt davon und kündigt Herrn Seerend daraufhin fristlos.	
e) Dem 50-jährigen Herrn Maurer, Vater von drei Kindern, wird nach 20 Jahren Betriebszugehörigkeit betriebsbedingt gekündigt. Vor sechs Monaten hat sein Arbeitgeber den 18-jährigen und ledigen Daniel Fehrer nach der Ausbildung in ein Angestelltenverhältnis übernommen.	
f) Frau Herta Schmidt ist wegen einer Beinverletzung für drei Wochen krankgeschrieben. Am letzten Tag ihrer Krankheit fühlt sie sich wieder fast gesund. Da draußen die Sonne scheint, geht sie mit Freundinnen in einem Eiscafé ein Eis essen. Ihr Chef kündigt ihr fristlos aufgrund des Vortäuschens einer Arbeitsunfähigkeit.	

2. Roland Risse ist 51 Jahre alt und arbeitet seit 16 Jahren im Feinkostgeschäft Kogl. Im Unternehmen arbeiten 17 Mitarbeiter, davon arbeiten drei Mitarbeiter seit vier Monaten. Herr Risse wird fristgerecht zum 31.05. gekündigt. In dem Kündigungsschreiben führt sein Arbeitgeber den starken

Situation
Erarbeitung
Zusatz
Forder

Auftragseinbruch als Kündigungsgrund an. Herr Risse sieht die Kündigung als sozial ungerechtfertigt an. Er weist darauf hin, dass er in seinem Alter keinen neuen Arbeitsplatz findet. Die Jüngeren dagegen haben viel bessere Chancen auf dem Arbeitsmarkt, insbesondere die neu eingestellten Mitarbeiter.

a) Prüfen Sie mithilfe des Kündigungsschutzgesetzes (KSchG), ob die Kündigung zulässig ist.

b) Erklären Sie, was Herr Risse gegen die Kündigung unternehmen kann.

c) Beurteilen Sie die Kündigung von Herrn Risse, wenn der Betrieb lediglich sieben Mitarbeiter beschäftigen würde.

3. Herr Stefan Harberger ist 35 Jahre alt und seit fünf Jahren in der Elektrofachmarkt Stober AG, Neser Str. 100, 98765 Neuenhausen, beschäftigt. Er wohnt in der Hauptstr. 12, 98765 Neuenhausen. Nun will sich Herr Harberger beruflich verändern und kündigt deshalb seinen Arbeitsplatz im Elektrofachmarkt fristgerecht. Er möchte vom Elektrofachmarkt ein qualifiziertes Arbeitszeugnis erhalten.

a) Erstellen Sie das Kündigungsschreiben von Herrn Harberger.

4. Im Kapitel 13.7 haben Sie einen Personalbeurteilungsbogen erstellt, um eine/-n Mitschüler/-in zu beurteilen. Nehmen Sie sich Ihren Beurteilungsbogen noch einmal zur Hand. Erstellen Sie auf dieser Grundlage in Ihren Arbeitsunterlagen ein qualifiziertes Arbeitszeugnis. Informieren Sie sich dazu im Internet, wie man ein qualifiziertes Arbeitszeugnis erstellt.

14 Ein Einzelhandelsunternehmen leiten und entwickeln

Lernsituation 1: Überlegungen zur Gründung eines Einzelhandelsunternehmens

Situation

In unmittelbarer Nähe der Berufsschule in Altstadt steht ein Baustellenschild mit folgender Aufschrift: „Hier entsteht das neue Einkaufszentrum Lindencenter! Mehr Fläche, mehr Läden, mehr Luxus! Gründerboom in Deutschland, seien Sie dabei!“ Auf einem Prospekt ist der Grundriss des Einkaufszentrums abgebildet. Die noch freien Ladenflächen sind darauf gekennzeichnet (vgl. M1). Lilli Fernandez und Lena Sievers geraten ins Träumen: Bald sind sie mit der Ausbildung fertig, dann könnten sie sich doch selbstständig machen … Lilli erinnert jedoch daran, dass sie gerade neulich in der Schule darüber gesprochen haben, dass eine Selbstständigkeit wohl überlegt sein müsse (vgl. M2).

Material

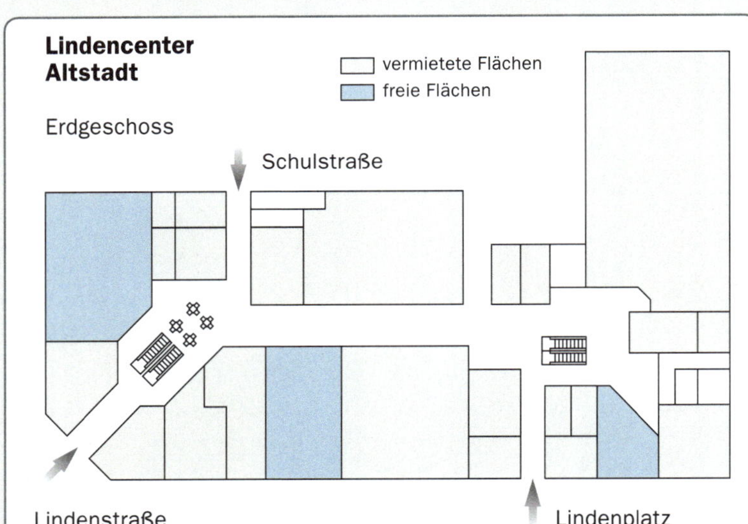

M1 Grundriss des Einkaufszentrums Lindencenter, Erdgeschoss

Defizite bei der Unternehmensgründung

So viel Prozent der Gründer in der IHK-Gründungsberatung …

… haben sich zu wenig Gedanken zum Kundennutzen ihrer Geschäftsidee gemacht.	44
… haben kaufmännische Defizite (Preiskalkulation, Kostenrechnung, betriebswirtschaftliche Planrechnungen).	42
… äußern unklare Vorstellungen zur Kundenzielgruppe.	37
… schätzen den zu erwartenden Umsatz unrealistisch hoch ein.	34
… können ihre Produktidee nicht klar beschreiben.	33
… haben die Finanzierung ihrer Gründung nicht gründlich durchdacht.	29
… haben unzureichende Fach-/Branchenkenntnisse.	20

Quelle: DIHK Gründerreport 2013

M2 Ursachen für das Scheitern von Unternehmensgründungen

Arbeitsaufträge zu Lernsituation 1

1. Erläutern Sie, aus welchen Gründen sich ein Einkaufszentrum für die Neugründung eines Unternehmens anbietet.

....

....

....

2. Legen Sie dar und begründen Sie, für welche noch zu mietende Fläche (vgl. M1) Sie sich entscheiden würden, falls Sie sich selbstständig machen sollten.

....

....

....

3. Entwickeln Sie in Gruppenarbeit eine Geschäftsidee, die sich im neu entstehenden Einkaufszentrum im Umfeld der Schule verwirklichen ließe. Verwenden Sie Kreativitätstechniken, z. B. Mindmapping oder Brainstorming.

4. Präsentieren Sie Ihre Ergebnisse der Klasse. Ihre Mitschüler bewerten die Geschäftsidee nach Stärken und Schwächen und sammeln diese in einer Tabelle nach folgendem Muster.

Geschäftsidee	Stärken der Geschäftsidee	Schwächen der Geschäftsidee
1.		
2.		

5. Das Bundeswirtschaftsministerium rät jedem, der sich selbstständig machen möchte, darüber nachzudenken, ob er tatsächlich eine Unternehmerpersönlichkeit ist. Klären Sie mithilfe der folgenden Übersicht, wie viel Unternehmer in Ihnen steckt.

Merkmale	Ausprägung				
	1	2	3	4	5
Ich kann zielorientiert denken und handeln.					
Ich erarbeite mir einen Plan, bevor ich mit einer Aufgabe beginne.					
Ich kann mit Kritik umgehen und lasse mich nicht verunsichern.					
Ich bin neugierig und bereit, Neues zu lernen.					
Ich bewahre auch in hektischen Situationen einen kühlen Kopf.					
Ich kann gut auf andere Menschen zugehen.					
Ich gebe auch nach Rückschlägen nicht auf, sondern sehe sie als Chance, es das nächste Mal besser zu machen.					
Ich kann gut andere überzeugen und für eine Sache begeistern.					
Ich bin bereit, für eine Sache, die mir wichtig ist, überdurchschnittlich viel zu arbeiten.					
Ich kann andere davon überzeigen, dass ich mich in meinem Fach gut auskenne.					
Ich kann verantwortungsbewusst mit Geld umgehen.					
Was ich verspreche, halte ich auch.					
Ich kenne mich mit den gängigsten PC-Programmen aus.					

(nach: Bundesministerium für Wirtschaft und Technologie [Hrsg.]: Starthilfe – Der erfolgreiche Weg in die Selbstständigkeit, Berlin 2009, S. 9–11)

Situation
Erarbeitung
Zusatz
Forder

6. Sie sind von Ihrer Geschäftsidee überzeugt und haben geklärt, dass in Ihnen ein Unternehmertyp steckt. Nun stellt sich die Frage, ob Sie tatsächlich den Sprung in die Selbstständigkeit wagen sollen. Nennen Sie Argumente, die für bzw. gegen Ihre geplante Selbstständigkeit sprechen.

Argumente für Selbstständigkeit	Argumente gegen Selbstständigkeit

7. Analysieren Sie häufige Defizite bei der Unternehmensgründung (vgl. M2). Formulieren Sie zu den in der linken Spalte der Tabelle genannten Stichpunkten konkrete Fragen, die sich jeder Existenzgründer ehrlich beantworten sollte.

Fragen vor einer Unternehmensgründung	
Gründerperson	
Geschäftsidee	
Standort	
Finanzierung	
Markt und Wettbewerb	
Konkurrenten	
Rechtsform und Personal	

Situation
Erarbeitung
Zusatz
Forder

8. Lilli Fernandez und Lena Sievers haben inzwischen ein Existenzgründerseminar besucht und sind vom Erfolg ihrer Geschäftsidee und der sich daraus ergebenden Selbstständigkeit überzeugt. Allerdings überlegen sie noch, ob sie ihr Vorhaben, für das sie inzwischen fast 30.000,00 € angespart haben,

- jede für sich allein durchsetzen,
- als Team mit Freunden in der Form eines Gesellschaftsunternehmens oder
- vielleicht sogar mithilfe einer vertikalen Kooperation verwirklichen sollen.

a) Nennen Sie Beispiele für Gesellschaftsunternehmen und vertikale Kooperation.

....

....

b) Nennen Sie Argumente, die für jede der drei genannten Alternativen sprechen.

Vorteile der ...		
Gründung eines Einzelunternehmens	Gründung eines Gesellschaftsunternehmens	Beteiligung an einer vertikalen Kooperation

9. Testen Sie Ihr unternehmerisches Wissen. Zählen Sie Ihre richtigen Antworten.

Gegenstand	**richtig**	**falsch**	**Punkte**
1. Der Erlös aus dem Verkauf von Produkten berechnet sich aus der verkauften Menge multipliziert mit dem Verkaufspreis.			
2. Das Verhältnis von Gewinn zum eingesetzten Kapital heißt Rentabilität.			
3. Der Gewinn ergibt sich aus der Differenz zwischen Aufwand und Ertrag für ein Produkt bzw. eine Dienstleistung.			
4. Die Fähigkeit eines Unternehmens, seines fälligen Verbindlichkeiten jederzeit fristgerecht und uneingeschränkt begleichen zu können, heißt Produktivität.			
5. Der Verbrauch aller Güter (Waren und Dienstleistungen) in einer bestimmten Periode heißt Aufwand.			
6. Finanzielle Hilfen ohne unmittelbare Gegenleistung heißen Rezession.			
7. Ein Controlling sollte einmal pro Jahr in einem Unternehmen durchgeführt werden.			
Meine Gesamtpunktzahl:			

(nach: www.bmwi.de)

Situation
Erarbeitung
Zusatz
Forder

10. Auf einer Internetseite findet Lena Sievers eine Anzeige, die für Franchising wirbt. Entscheiden und begründen Sie, ob das Franchise-System für die Umsetzung einer neuen Geschäftsidee geeignet ist.

> Ergreifen Sie Ihre Chance auf dem Weg zum Erfolg:
>
> Franchise-Systeme für alle Unternehmensbereiche
> – Sind Sie bereit, Ihrem Traum vom einen Unternehmen eine Chance durch Franchise zu geben?
> – Sie wollen sich beruflich eine neue Existenz aufbauen? Wir bieten Franchise-Systeme von A – Z.
>
> Nehmen Sie Ihre Zukunft in die eigene Hand und bewerben Sie sich für ein Franchise-System Ihrer Wahl. Wir begleiten Sie auf dem Weg in die Selbstständigkeit.

....

....

Lernsituation 2: Finanzierung einer Unternehmenserweiterung

Situation

Jennifer Heisterkamps Einzelunternehmen entwickelt sich seit Jahren mehr und mehr zu einer Top-Adresse für Porzellan. Mit ihrem reichhaltigen Angebot an hochwertigem Porzellan ist sie in eine Marktlücke gestoßen. Zudem ist der von ihr angebotene Service: „Extra-Anfertigung der Porzellanhersteller auch für bereits nicht mehr hergestelltes Porzellan" ein besonderer Anreiz, ihr Unternehmen aufzusuchen. Zwei Verkäuferinnen hat sie inzwischen als Vollzeitkräfte eingestellt.

Bei der Eröffnung ihres Unternehmens hat sie nicht damit gerechnet, so schnell so erfolgreich zu sein. Nun überlegt sie, auf die Nachfrage vieler Kundinnen nach exklusiver Tischwäsche und einem onlinegestützten Internethandel einzugehen. Die Verwirklichung beider Punkte ist noch nicht ausgereift. Jennifer Heisterkamp hat sich bislang nur mit den möglichen Kosten beschäftigt.

Zum Aufbau eines Internethandels würden z. B. ein zusätzliches Versandlager, die Einrichtung einer Hotline sowie der Ausbau und die Pflege der Homepage gehören. Die Kosten für das alles schätzt sie auf ca. 45.000,00 €. Etwa zwei Drittel der Kosten entfallen dabei auf das einzurichtende Versandlager. Jennifer Heisterkamp müsste außerdem noch weiteres Personal einstellen und aufgrund der Sortimentserweiterung die Ladenausstattung und die Warenpräsentation verändern.

Arbeitsaufträge zu Lernsituation 2

1. Nennen Sie Chancen und Risiken, die Jennifer Heisterkamp bei der Umsetzung ihrer beiden Expansionsmöglichkeiten bedenken sollte.

Chancen	Risiken

2. Das Eigenkapital der Jennifer Heisterkamp e. Kfr. reicht nicht aus, um die geplanten Vorhaben zu realisieren. Sie denkt darüber nach, auf welche Weise sie ihr Unternehmen mit mehr Kapital ausstatten kann.

a) Nennen Sie jeweils ein Beispiel für Fremd- bzw. Eigenfinanzierung.

b) Beschreiben Sie die Vorteile und Nachteile der beiden Finanzierungsmöglichkeiten.

	Fremdfinanzierung	**Eigenfinanzierung**
Beispiel		
Vorteile		
Nachteile		

c) Entscheiden und begründen Sie, welche Art der Finanzierung Sie Jennifer Heisterkamp empfehlen würden.

....

....

3. Die Kreditgeber verlangen von Jennifer Heisterkamp die Absicherung ihrer gewährten Gelder. Erläutern Sie zwei Möglichkeiten, wie die Bank ihre Kredite absichern kann.

....

....

....

....

....

4. Betrachten Sie die abgebildete Bilanz.

a) Ermitteln Sie den fehlenden Betrag für das Eigenkapital.

Aktiva		**Bilanz 20..**	**Passiva**
A. Anlagevermögen		**A. Eigenkapital**	
1. BGA	30.000,00 €		
2. Fuhrpark	40.000,00 €	**B. Fremdkapital**	
		1. Darlehen	80.000,00 €
B. Umlaufvermögen		2. Verbindlichkeiten aus	
1. Waren	210.000,00 €	Lieferungen und Leistungen	65.000,00 €
2. Forderungen	10.000,00 €		
3. Bank	35.000,00 €		
4. Kasse	12.000,00 €		
	337.000,00 €		337.000,00 €

Situation
Erarbeitung
Zusatz
Forder

b) Erläutern Sie mithilfe der Bilanz die Begriffe Investition und Finanzierung.

Investition	Finanzierung

5. Stellen Sie die Unterschiede zwischen Eigen- und Fremdkapital anhand der in der Tabelle genannten Punkte dar.

	Eigenkapital	Fremdkapital
Risiko		
Dauer der Zurverfügungstellung		
Mitsprache der Kapitalgeber in der Unternehmensleitung		
Zins für die Überlassung des Kapitals		

6. Für den Kapitalbedarf von 45.000,00 € bietet Jennifer Heisterkamps Hausbank folgende Finanzierungsmöglichkeit an:

- Kontokorrentkredit, 11,5 % p. a., oder
- Darlehen, 7,5 % p. a.

Für die Gewährung des Darlehens verlangt sie allerdings eine Sicherheit.

a) Erläutern Sie den Unterschied zwischen einem Kontokorrentkredit und einem Darlehen.

Kontokorrentkredit	Darlehen

b) Berechnen Sie die monatlichen Kosten für die angebotenen Finanzierungsmöglichkeiten!

....

....

c) Wie hoch müsste der Betrag für ein Darlehen sein, wenn die Lieferverbindlichkeiten (siehe Bilanz) unter Ausnutzung von 4 % Skonto innerhalb von zehn Tagen beglichen werden sollen?

....

d) Nennen Sie mögliche Kreditsicherheiten für Bankkredite, die sich aus der abgebildeten Bilanz ableiten lassen.

....

e) Entscheiden und begründen Sie, ob diese Sicherheiten für die Bank ausreichend sind.

....

....

14.1 Gründung und Leitung eines Unternehmens

Erarbeitungsaufgaben

1. Nennen Sie sechs Institutionen, bei denen ein neu gegründetes Einzelhandelsunternehmen angemeldet werden muss.

2. Erläutern Sie anhand der Grafik im Lehrbuch, Kap. 14.2, Abb. 2, die Bedeutung des Satzes „Der erste Schritt auf dem Weg zur Selbstständigkeit ist die Selbstkritik."

3. Stellen Sie fest, welche der folgenden Aussagen über die Gründungsvoraussetzungen eines Unternehmens zutreffend ist.

   a) Von einigen Ausnahmen abgesehen, ist es jedermann erlaubt, ein Unternehmen zu gründen. ☐

   b) Über die Mitgliedschaft bei der Industrie- und Handelskammer kann der Gründer des Einzelhandelsunternehmens frei entscheiden.

   c) Umfassende Marktkenntnisse der gewählten Branche müssen nachgewiesen werden.

   d) Die Gründung eines Einzelhandelsunternehmens führt automatisch zur Eintragung in das Handelsregister.

Zusatzaufgaben

1. Nehmen Sie zu folgender Frage Stellung: „Existenzgründerseminar – Zeitverschwendung oder sinnvolle Hilfe für den Schritt in die Selbstständigkeit?"

2. Suchen Sie mithilfe des Internets heraus, an wen sich ein Existenzgründer bei Fragen zur Selbstständigkeit wenden kann.

Situation
Erarbeitung
Zusatz
Forder

3. Welche Merkmale und Eigenschaften kennzeichnen Ihrer Auffassung nach eine Unternehmerin bzw. einen Unternehmer? Halten Sie die Punkte in dem folgenden Raster fest. Diskutieren Sie anschließend im Klassenverband Ihre Ergebnisse.

Merkmale einer Unternehmerin/eines Unternehmers	**dieses Merkmal ist ...**			
	sehr wichtig	eher wichtig	eher unwichtig	vollkommen unwichtig

14.2 Rechtliche Rahmenbedingungen unternehmerischen Handelns

Erarbeitungsaufgaben

1. Erläutern Sie den Begriff des Handelsgewerbes.

....

....

....

....

....

....

2. Nennen Sie die Regelungen, die es für Kleingewerbetreibende gibt.

....

....

....

....

....

3. Erklären Sie, worin die Bedeutung des Handelsregisters liegt.

....

....

....

....

....

....

4. Unterscheiden Sie die deklaratorische und die konstitutive Wirkung von Handelsregistereintragungen.

deklaratorisch	**konstitutiv**

5. Das Handelsregister wird in zwei Abteilungen unterteilt. Nennen Sie die Abteilungen des Handelsregisters und geben Sie an, welche Unternehmen in den verschiedenen Abteilungen eingetragen sind.

Handelsregister		
Abteilungen		
eingetragene Unternehmen		

6. Nennen Sie vier Informationen, die für die Eintragung ins Handelsregister elektronisch übermittelt werden müssen.

....

....

....

....

7. Erläutern Sie die folgenden Begriffe in vollständigen Sätzen.

Istkaufmann	**Kannkaufmann**	**Formkaufmann**

8. Erläutern Sie den Begriff Firma.

....

....

Situation
Erarbeitung
Zusatz
Forder

9. Nennen Sie jeweils zwei Beispiele für die folgenden Arten von Firmenbezeichnungen.

Firma	Beispiele
Personenfirma	
Sachfirma	
Fantasiefirma	
Mischfirma	

10. Ordnen Sie die genannten Firmengrundsätze den unten stehenden Aussagen zu.

Aussagen	
a) Jede Firma muss sich von anderen Firmen am Ort erkennbar unterscheiden.	
b) Veränderungen der Firma müssen ins Handelsregister eingetragen werden.	
c) Bei einem Wechsel des Inhabers darf die bisherige Firma beibehalten werden.	
d) Die Firma darf Außenstehende nicht über die Art oder den Umfang des Unternehmens täuschen.	

Firmengrundsätze	
1	Firmenbeständigkeit
2	Firmenwahrheit
3	Firmenöffentlichkeit
4	Firmenausschließlichkeit

11. Erläutern Sie die Unterschiede zwischen den Arten der Prokura.

Einzelprokura	Gesamtprokura	Filialprokura

12. Nennen Sie Rechtsgeschäfte, die dem Prokuristen verboten sind bzw. die er nur mit besonderer Genehmigung abschließen darf.

Prokurist darf nicht ...	Prokurist darf nur mit Genehmigung ...

Zusatzaufgaben

1. Entscheiden Sie, ob in den unten genannten Fällen ein Handelsgewerbe vorliegt oder nicht. Begründen Sie Ihre Auffassung.

Beispiel	Begründung, ob Handelsgewerbe vorliegt
a) Bei der Jahreshauptversammlung des Skiclubs werden Getränke an die Mitglieder im Vereinsheim verkauft.	
b) Nach Bestehen der Abschlussprüfung zum Kaufmann im Einzelhandel eröffnet Dennis Teichmann eine Grillstube.	
c) Ein Autohaus, das drei verschiedene Automarken vertreibt und dem eine große Reparaturwerkstatt angeschlossen ist, erhält eine Bestellung über einen neuen Pkw und vereinbart darüber hinaus die Inzahlungnahme eines alten Pkw.	

4. Erläutern Sie, welche Gründe ein neuer Geschäftsinhaber haben könnte, das Unternehmen unter der alten Firma fortzuführen.

....

....

....

5. Kreuzen Sie an, welche der unten stehenden Aussagen über die Kaufmannseigenschaft von „Computerfachgeschäft Robin Schulte e. K." zutreffend ist.

a) Er ist Formkaufmann, weil er sich freiwillig in das Handelsregister eintragen lassen kann. ☐

b) Er ist Kannkaufmann, weil er seinen Geschäftsbetrieb freiwillig ins Handelsregister eintragen ließ. ☐

c) Er ist Istkaufmann, weil er eine Handelsgesellschaft betreibt. ☐

d) Er ist Formkaufmann, weil er seine Unternehmung in der Rechtsform einer Kapitalgesellschaft führt. ☐

6. Bei der Wahl der Firma muss der Grundsatz der Firmenausschließlichkeit beachtet werden. Kreuzen Sie die zutreffende Lösung an.

a) Aus der Firma muss erkenntlich werden, wer der Inhaber ist. ☐

b) Die Firma muss nicht in das Handelsregister eingetragen werden. ☐

c) Die Firma muss sich von allen am Ort bestehenden Firmen unterscheiden. ☐

d) Die Firma darf keine unrichtigen Angaben über Art und Umfang des Unternehmens enthalten. ☐

e) Aus der Firma muss die betreffende Branche hervorgehen. ☐

Situation
Erarbeitung
Zusatz
Forder

7. Entscheiden Sie, bei welcher Stelle die Firma eines Kaufmanns in das Handelsregister eingetragen werden muss.
   a) Landgericht ☐
   b) IHK ☐
   c) Amtsgericht ☐
   d) Finanzamt ☐
   e) Handelsgericht ☐

8. Kreuzen Sie bitte an, welche der unten stehenden Aussagen über das Handelsregister zutreffend ist.
   a) Das Handelsregister ist das Verzeichnis, in das wichtige Sachverhalte und Rechtsverhältnisse aller Unternehmen eingetragen werden. ☐
   b) Nur ein Kaufmann kann das Handelsregister und die eingereichten Schriftstücke einsehen. ☐
   c) Die Eintragung der Prokura ins Handelsregister hat deklaratorische (rechtsbezeugende) Wirkung. ☐
   d) Die Eintragung des Istkaufmanns ins Handelsregister hat konstitutive (rechtserzeugende) Wirkung. ☐
   e) Die Abteilung A des Handelsregisters erfasst alle Einzelunternehmen, Personengesellschaften und Kapitalgesellschaften. ☐

9. Geben Sie an, welche zwei Informationen über eine Firma in das Handelsregister eingetragen werden müssen.
   a) Anzahl der Mitarbeiter ☐ ☐
   b) Beschreibung des Sortiments
   c) Geplanter Umsatz
   d) Größe der Verkaufsfläche
   e) Standort des Unternehmens
   f) Verkaufsform
   g) Rechtsform des Unternehmens

14.1–14.2 Gründung und Leitung/ Rechtliche Rahmenbedingungen

Forderaufgaben

1. Entscheiden Sie, welche Aussagen zur Firma von Klaus Hoyer richtig **R** bzw. falsch **F** sind. Über „p und c Klaus Hoyer e. K." sind folgende Informationen bekannt:
   - Firma: p und c Klaus Hoyer e. K.
   - Geschäftssitz
   - Registergericht: Amtsgericht A 1652
   - Geschäftszweck: Verkauf von Lebensmitteln
   a) In der Firma ist der Zusatz „e. K." nicht zwingend erforderlich. ☐
   b) Das Unternehmen „p und c Klaus Hoyer e. K." kann unter seinem Namen verklagt werden. ☐
   c) Als Firma war im vorliegenden Fall kein Fantasiename zulässig. ☐
   d) Die Firma „p und c Klaus Hoyer e. K." ist im Handelsregister Abteilung B eingetragen. ☐
   e) Bei Veräußerung von „p und c Klaus Hoyer e. K." könnte deren Firma weitergeführt werden. ☐

2. Entscheiden Sie für die unten stehenden Aussagen

a) welche der folgenden Kaufmannseigenschaften vorliegt

1 Istkaufmann
2 Kannkaufmann
3 Formkaufmann

b) ob die jeweilige Eintragung ins Handelsregister (HR)

4 deklaratorische (rechtsbezeugende) Wirkung oder
5 konstitutive (rechtserzeugende) Wirkung

hat. Tragen Sie die Ziffer in die Kästchen der Spalten a) und b) ein.

	a)	b)
a) Svenja Neuhaus e. Kffr., Drogeriefachgeschäft mit 120.000,00 € Jahresumsatz, ist im HR eingetragen.		
b) Mike Rettberg, Inhaber einer Schreinerei für die Herstellung von Theken, ist im HR eingetragen.		
c) Landwirt Sven Brunner, der im Nebengewerbe seine Produkte im eigenen Bioladen verkauft, ist im HR eingetragen.		
d) Das Kaufhaus „Bettenland“ wird in der Rechtsform einer Aktiengesellschaft geführt.		
e) Der Einzelunternehmer Marcel Wustefeld, der mit 50 Beschäftigten Gebäudereinigungen durchführt, ist im HR eingetragen.		
f) Die Reuter GmbH ist im HR eingetragen.		

3. Entscheiden Sie, welche Aussagen zur Firma richtig **R** bzw. falsch **F** sind.

a) In der Firma eines Einzelunternehmens kann ein Hinweis auf die Gesellschaftsform fehlen. ☐
b) Unter der Firma kann geklagt und verklagt werden. ☐
c) Aus der Firma muss die betreffende Branche hervorgehen. ☐
d) Die Firma ist der Name des Kaufmanns, unter dem er seine Geschäfte betreibt. ☐
e) Bei der Wahl der Firma sind die Vorschriften des BGB zu beachten. ☐

4. In Braunschweig wird seit mehreren Generationen unter der Firma „Autohaus Christian Schiller e. K.“ ein erfolgreiches Unternehmen geführt. Ein neu zugezogener Bürger, er heißt ebenfalls Christian Schiller, plant, sich in Braunschweig mit dem Verkauf von Autos selbstständig zu machen.

a) Erläutern Sie, ob es den Firmennamen „Autohaus Christian Schiller e. K.“ in Braunschweig ein zweites Mal geben kann.

....

b) Erläutern Sie aus welchen Gründen die Firmenausschließlichkeit wichtig ist.

....

c) Formulieren Sie drei andere Firmenbezeichnungen für das neue Autohaus in Braunschweig.

....

5. Nennen Sie fünf Vorteile des elektronischen Handelsregisters.

....

....

....

....

....

Situation
Erarbeitung
Zusatz
Forder

6. Die Eintragung der Trendino Computer-Shop GmbH ins Handelsregister erfolgt erst am 15. Juni. Am 10. Juni unterschreibt der Prokurist Herr Meier einen Darlehensvertrag bei der Sparkasse in Höhe von 450.000,00 €. Als die Geschäftsführung der Trendino Computer-Shop GmbH davon erfährt, ist sie damit nicht einverstanden. Der Darlehensvertrag soll aufgehoben werden. Entscheiden und begründen Sie, ob der Darlehensvertrag für die Trendino Computer-Shop GmbH bindend ist.

....

....

....

....

....

7. Verdeutlichen Sie die Unterschiede zwischen der Allgemeinen Handlungsvollmacht und der Prokura.

Allgemeinen Handlungsvollmacht	Prokura

8. Entscheiden Sie bei folgenden Geschäftsvorfällen, ob die Geschäfte und Rechtshandlungen

1 dem Handlungsbevollmächtigten mit allgemeiner Vollmacht,

2 dem Prokuristen,

3 weder dem Handlungsbevollmächtigten noch dem Prokuristen,

4 sowohl dem Handlungsbevollmächtigen und dem Prokuristen

erlaubt sind.

a) Einstellung eines Mitarbeiters ☐

b) Anmeldung der Umwandlung einer Einzelunternehmung in eine OHG beim Handelsregister ☐

c) Entgegennahme einer Mängelrüge ☐

d) Unternehmen vor Gericht vertreten ☐

d) Kauf eines Grundstücks ☐

e) Darlehen aufnehmen ☐

f) Bilanz unterschreiben ☐

14.3 Rechtsformen der Unternehmung

Erarbeitungsaufgaben

1. Nennen Sie die Merkmale der Einzelunternehmung.

....

....

....

....

....

....

2. Listen Sie die Vor- und Nachteile einer Einzelunternehmung auf.

Vorteile einer Einzelunternehmung	Nachteile einer Einzelunternehmung

3. Geben Sie an, welcher unten stehende Vorteil für die Gründung einer Einzelunternehmung spricht.

a) Sie kann die Haftung auf bestimmte betriebliche Vermögensteile beschränken. ☐

b) Sie braucht ihren Gewinn nicht zu versteuern.

c) Sie hat eine sehr hohe Kreditwürdigkeit.

d) Sie ist in ihrer Entscheidung über die Gewinnverwendung völlig frei.

4. Jennifer Heisterkamp führt das Porzellangeschäft als Einzelunternehmung. Entscheiden Sie, welche Bedeutung dies für ihre unternehmerische Tätigkeit hat.

a) Sie kann viele unternehmensbezogene Entscheidungen selbst treffen. ☐

b) Sie muss einen prozentualen Anteil des Jahresgewinns an andere Gesellschafter ausbezahlen.

c) Sie nicht an die Vorschriften des Handelsgesetzbuchs (HGB) gebunden.

d) Sie haftet gegenüber Geschäftsbanken nur mit dem Eigenkapital der Unternehmung.

5. Erläutern Sie,

a) welche Gründe für die Rechtsform einer OHG sprechen.

....

....

b) die Begriffe unbeschränkt, unmittelbar und solidarisch.

unbeschränkt	unmittelbar	solidarisch

Situation
Erarbeitung
Zusatz
Forder

c) die Rechte der Gesellschafter einer OHG.

....

....

....

6. An einer OHG sind die drei Gesellschafter A, B und C beteiligt. A hat eine Kapitaleinlage von 36.000,00 €, B von 45.000,00 € und C von 80.000,00 € geleistet. Verteilen Sie den erwirtschafteten Gewinn in Höhe 28.910,00 € von nach den gesetzlichen Vorschriften.

Gesellschafter	Gewinnverteilung
A	
B	
C	
gesamt	

7. Klaus Hoyers Frau möchte sich an einem Unternehmen beteiligen. Dabei möchte sie aber nur mit ihrer Kapitaleinlage haften. Schlagen Sie eine Rechtsform vor.

....

8. Erläutern Sie die Rechtsform der KG anhand der in der Übersicht genannten Kriterien.

	Kommanditgesellschaft
Gründung	
Eintragung ins Handelsregister	
Firma	
Haftung	
Geschäftsführung	
Vertretung	
Gewinn-/Verlustverteilung	

Situation
Erarbeitung
Zusatz
Forder

9. An einer KG sind die Gesellschafter A, B und C beteiligt. Der Gewinn der KG beträgt 320.400,00 €. Laut Gesellschaftsvertrag

- erhält Komplementär A für die Geschäftsführung vorweg 60.000,00 € vom zu verteilenden Gewinn,
- wird die geleistete Kapitaleinlage mit 7 % verzinst,
- wird dann der eventuelle Restgewinn im Verhältnis 4 : 3 : 2 verteilt.

Gesellschafter	Kapitaleinlage	Gewinnverteilung
Komplementär A	100.000,00 €	
Komplementär B	80.000,00 €	
Kommanditist C	120.000,00 €	

a) Ermitteln Sie für Komplementär A den Gesamtgewinn in €.

....

b) Ermitteln Sie für Komplementär A die Kapitalverzinsung.

....

10. Sie wollen ein Unternehmen in der Rechtsform einer GmbH gründen. Geben Sie an, welches Mindestkapital Sie für die zu gründende GmbH aufbringen müssen.

....

11. Nennen Sie drei Firmenbezeichnungen, die die GmbH führen könnte.

....

....

12. Nennen Sie die Organe der GmbH und erläutern Sie ihre jeweiligen Aufgaben.

Organe der GmbH	Aufgaben

Zusatzaufgaben

1. Entscheiden Sie für die folgenden Aussagen über die OHG, ob sie richtig **R** oder falsch **F** sind.

a) Ein Gesellschafter darf ohne Einwilligung der anderen Gesellschafter im Handelsgewerbe der eigenen Gesellschaft keine Geschäfte auf eigene Rechnung abschließen. ☐

b) Widerspricht ein Gesellschafter der Handlung eines anderen Gesellschafters, so muss diese Handlung unterbleiben. ☐

c) Jeder Gesellschafter ist berechtigt, Privatentnahmen von 4 % seines zu Beginn des Geschäftsjahres vorhandenen Kapitalanteils vorzunehmen. ☐

d) Die Kündigung eines Gesellschafters kann unter Einhaltung einer Kündigungsfrist von sechs Monaten für den Schluss eines Geschäftsjahres erfolgen. ☐

e) Wer in eine bestehende OHG eintritt, haftet wie die anderen Gesellschafter für die Verbindlichkeiten, die vor seinem Eintritt entstanden sind. ☐

f) Ein ausscheidender Gesellschafter haftet nur ein Jahr lang für alle vor seinem Ausscheiden begründeten Schulden. ☐

g) Die Gesellschafter sind nur gemeinsam berechtigt, Dritten gegenüber Willenserklärungen abzugeben. ☐

h) Entsprechend der Geschäftsführungsbefugnis sind Beschränkungen der Vertretungsmacht nach außen rechtswirksam, auch wenn sie nicht im Handelsregister eingetragen sind. ☐

2. Jennifer Heisterkamp plant, mit ihrer langjährigen Verkäuferin und Freundin Esther Friedrich eine OHG zu gründen. Zu diesem Zweck gründen beide am 10. Juli eine OHG mit einem Gesellschaftsvertrag, der alle gesetzlichen Bestimmungen berücksichtigt. Am 12. August beantragen sie die Eintragung ins Handelsregister. Ihre Geschäfte nehmen sie bereits am 17. Juli auf. Die elektronische Veröffentlichung im Unternehmensregister erfolgt am 15. August des gleichen Jahres. Kennzeichnen Sie richtige **R** und falsche **F** Aussagen zur OHG.

a) Die Gesellschafter müssen eine gesetzlich vorgeschriebene Mindestkapitaleinlage leisten, die in Geld- und Sachwerten eingebracht werden kann. ☐

b) Der Gesellschaftsvertrag kann formfrei abgeschlossen werden. ☐

c) Die Gesellschaft entsteht im Innenverhältnis am 10. Juli. ☐

d) Im Außenverhältnis gilt die Gesellschaft am 17. Juli als entstanden. ☐

e) Nur Jennifer Heisterkamp ist berechtigt, die OHG zu vertreten. ☐

f) Jennifer Heisterkamp haftet mit ihrem Gesamtvermögen. Die Freundin haftet nur mit dem eingebrachten Geschäftsvermögen. ☐

g) Ein eventueller Verlust wird am Jahresende in angemessenem Verhältnis verteilt. ☐

3. Im Gesellschaftsvertrag zwischen Jennifer Heisterkamp und Esther Friedrich ist geregelt, dass Rechtsgeschäfte über 20.000,00 € der Zustimmung der jeweils anderen Gesellschafterin bedürfen. Esther Friedrich schließt für die OHG einen Kaufvertrag über 28.000,00 € ab, weil ihr das Angebot besonders günstig erschien und Jennifer Heisterkamp sich bis zum Ablauf des Angebots in Urlaub befand. Begründen Sie, ob der Kaufvertrag rechtsgültig ist.

....

....

....

Situation
Erarbeitung
Zusatz
Forder

4. Jennifer Heisterkamp und Esther Friedrich haben im ersten Jahr ihrer Selbstständigkeit 17.800,00 € Verlust gemacht. Im folgenden Geschäftsjahr erzielen sie einen Gewinn von 42.000,00 €. Jennifer Heisterkamp ist mit 40.000,00 € und Esther Friedrich mit 25.000,00 € an der OHG beteiligt.

a) Verteilen Sie den Verlust nach den Regelungen des HGB und ermitteln Sie die Kapitaleinlage von Jennifer Heisterkamp und Ester Friedrich am Ende des ersten Geschäftsjahres.

....

....

....

b) Verteilen Sie den Gewinn nach den Regelungen des HGB.

....

....

....

....

5. Erklären Sie, aus welchen Gründen im Gesellschaftsvertrag einer OHG häufig eine von dem HGB abweichende Regelung über die Gewinnverteilung getroffen wird.

....

....

....

....

....

6. Berechnen Sie den Gewinn für das 2. Geschäftsjahr, wenn Jennifer Heisterkamp für ihren verstärkten Einsatz in der kaufmännischen Verwaltung vorab von dem erzielten Gewinn 8.000,00 € erhalten hätte.

....

....

....

....

7. Esther Friedrich hat mit Einverständnis von Jennifer Heisterkamp Ware im Wert von 11.528,00 € gekauft. Der Lieferant verlangt die Zahlung des vollen Kaufpreises von Heisterkamp, ohne sich vorher an die OHG oder an Friedrich gewandt zu haben. Begründen Sie, ob Frau Heisterkamp die Zahlung ganz oder teilweise verweigern kann.

....

....

....

8. Stellen Sie in einer Tabelle die Merkmale einer OHG und eines Einzelunternehmens gegenüber.

	Einzelunternehmen	**OHG**
Gründung		

Fortsetzung siehe folgende Seite

	Einzelunternehmen	OHG
Geschäftsführung und Vertretung		
Gewinn		
Verlust		
Haftung		
Kreditwürdigkeit		
Eigenkapital-erhöhung		
Risikoverteilung		

10. Sie beabsichtigen, sich nach bestandener Abschlussprüfung zum Kauffmann im Einzelhandel an der Geschenkartikel-Boutique des Einzelunternehmers Bernd Schröder zu beteiligen. Bislang beschäftigt Bernd Schröder zwei Mitarbeiterinnen. Er ist bereit, weiterhin mit seinem Privat- und Geschäftsvermögen zu haften. Sie aber scheuen das Risiko und möchten nur mit dem eingebrachten Kapital haften.

a) Entscheiden Sie, welche der zwei folgenden Firmierungen für dieses Einzelhandelsunternehmen nach HGB zulässig sind.

Firmierung	zulässig
Bernd Schröder e. K.	
Geschenk-Boutique KG	
Bernd Schröder OHG	
Geschenkartikel-Boutique OHG	
Schröders KG	

b) Beide Mitarbeiterinnen von Bernd Schröder schließen bereits jetzt schon Rechtsgeschäfte ab, die diese Einzelunternehmung gewöhnlich mit sich bringt. Kreuzen Sie die Vollmacht an, die den Mitarbeiterinnen erteilt worden ist.

Vollmacht	erteilt
Filialprokura	
Einzelvollmacht	
Allgemeine Handlungsvollmacht	
Gesamtprokura	
Artvollmacht	
Einzelprokura	

10. Bei der Möbeleinzelhandlung Faltermeier handelt es sich um eine Kommanditgesellschaft (KG). Entscheiden Sie, welche der folgenden Aussagen auf die KG zutrifft.

a) Die Haftung aller Gesellschafter beschränkt sich auf die jeweilige Geschäftseinlage. ☐

b) Alle Gesellschafter haften unbeschränkt und unmittelbar.

c) Die Gesellschafter mit Geschäftsführungs- und Vertretungsbefugnis haften auch mit ihrem Privatvermögen.

d) Die Hauptversammlung findet in den ersten acht Monaten des Geschäftsjahres statt.

11. Kreuzen Sie an, welche der folgenden Pflichtangaben die Möbeleinzelhandlung Faltermeier KG auf ihren Briefvordrucken verwenden muss.

a) Vorsitzende des Aufsichtsrats: Christin Reckefeld, eingetragen: Amtsgericht Braunschweig HRB 297 ☐

b) Möbeleinzelhandlung Faltermeier KG, Sitz Augsburg, Registergericht Augsburg, HRA 297 ☐

c) persönlich haftender Gesellschafter: Erkan Altinbas ☐

d) Kommanditist: André Meier ☐

12. Nennen Sie die zwei Aussagen, die nach den gesetzlichen Bestimmungen auf eine Kommanditgesellschaft zutreffen.

a) Alle Gesellschafter haften sowohl mit ihrem Geschäfts- als auch mit ihrem Privatvermögen. ☐ ☐

b) Das Mindestkapital für die Gründung einer KG beträgt 25.000,00 €.

c) Auch die Kommanditisten sind zur Geschäftsführung verpflichtet.

d) Alle Gesellschafter haben Anspruch auf eine 4 %ige Kapitalverzinsung, wenn genügend Gewinn zur Verfügung steht.

e) Es handelt sich um eine Personengesellschaft.

f) Die KG wird im Handelsregister in der Abteilung B eingetragen.

13. Memet Öztürk (Komplementär), Elfi Özen (Komplementär) und Andreas Wossmann (Kommanditist) sind die drei Gesellschafter der Meyer KG. Wossmann hat auf die im Handelsregister eingetragene Einlage in Höhe von 125.000,00 € bislang erst 100.000,00 € eingezahlt. Die noch fehlenden 25.000,00 € möchte er in den nächsten Monaten leisten. Kreuzen Sie an, welche der unten stehenden Aussage unter Beachtung § 171 HGB zutreffend ist.

> § 171 HGB
>
> (1) Der Kommanditist haftet den Gläubigern der Gesellschaft bis zur Höhe seiner Einlage unmittelbar; die Haftung ist ausgeschlossen, soweit die Einlage geleistet ist.

a) Meyer haftet unbeschränkt, gesamtschuldnerisch und unmittelbar. ☐

b) Wossmann haftet nur gesamtschuldnerisch.

c) Die Haftung ist auf das Vermögen der Unternehmung beschränkt.

d) Die persönliche Haftung ist bei Wossmann auf 25.000,00 € begrenzt.

14. Erläutern Sie die Unternehmensform GmbH anhand der Gründung, Firma, Mindestkapital, Haftung, Geschäftsführung und -vertretung, Gewinn- und Verlustverteilung.

GmbH	
Gründung	

Fortsetzung siehe folgende Seite

Situation
Erarbeitung
Zusatz
Forder

GmbH	
Firma	
Mindestkapital	
Haftung	
Geschäftsführung und Vertretung	
Gewinn- und Verlustverteilung	

15. Erstellen Sie eine Übersicht, aus der zu entnehmen ist, wie sich die Aktiengesellschaft und die Gesellschaft mit beschränkter Haftung unterscheiden. Gehen Sie dabei auf die genannten Kriterien ein.

	GmbH	AG
Mindestkapital		
Firma		
Anzahl der Gründer		
Übertragung eines Gesellschaftsanteils		
Gewinnverteilung		
Aufsichtsrat		

Forderaufgaben

1. Verdeutlichen Sie den Unterschied zwischen einer Personen- und einer Kapitalgesellschaft.

Personengesellschaft	Kapitalgesellschaft

Situation
Erarbeitung
Zusatz
Forder

2. Vergleichen Sie mithilfe der Tabelle die Europäische Aktiengesellschaft (SE) und die Aktiengesellschaft (AG). Gehen Sie dabei auf die genannten Kriterien ein.

	SE	Aktiengesellschaft
Mindestkapital		
Haftung		
Firmierung		
Gründung		
Handelsregistereintrag		
Sitzverlegung in ein anderes europäisches Mitgliedsland		

3. Nennen Sie zwei Argumente, die für die Gründung einer haftungsbeschränkten Unternehmergesellschaft (UG) sprechen.

....

....

....

4. Beantworten Sie die Fragen unter Verwendung der folgenden Informationen.
- Büromöbel GmbH, Wasserstraße 264, 44799 Bochum
- Unternehmensgegenstand: Herstellung und Vertrieb von Büromöbeln
- Gesellschaft mit beschränkter Haftung, Gesellschaftsvertrag vom 15. Oktober 20..
- Stammkapital: 70.000,00 €
- Gesellschafter:
  - Peter Ahrens: 40.000,00 €
  - Kevin Borke: 10.000,00 €
  - Ünsal Okay: 20.000,00 €
- Handelsregister Bochum, Neueintragung am 25. Oktober 20..

a) Geben Sie an, an welchem Datum die GmbH als juristische Person entstanden ist.

....

b) Geben Sie an, wie hoch zum Zeitpunkt der Gründung der Büromöbel GmbH die geleisteten Geschäftsanteile mindestens sein müssen.

....

....

....

c) Begründen Sie, ob Peter Ahrens Geschäftsführer werden könnte.

....

Situation
Erarbeitung
Zusatz
Forder

d) Geschäftsführer Peter Ahrens kauft eine Fertigungsanlage für 400.000,00 €, ohne vorher Rücksprache mit Kevin Borke und Ünsal Okay zu nehmen. Begründen Sie, ob der Vertrag rechtsgültig ist.

e) Geschäftsführer Peter Ahrens ernennt den Angestellten Felix Hagebau zum Prokuristen. Erklären Sie, ob die Ernennung rechtsgültig ist.

f) Gesellschafter Okay vereinbart schriftlich mit seiner Schwester, dass er ihr seinen Geschäftsanteil verkauft. Entscheiden Sie, ob der Vertrag gültig ist.

g) Die Büromöbel GmbH erwirtschaftet im ersten Geschäftsjahr einen Gewinn von 800.000,00 €. Die Gesellschafter einigen sich auf eine Rücklage in Höhe von 12,5 %. Der restliche Gewinn soll nach der gesetzlichen Regelung verteilt werden. Zeigen Sie auf, wie hoch der Gewinnanteil des Gesellschafters Ünsal Okay ist.

Gesellschafter	**Gewinnverteilung**
Ahrens	
Borke	
Okay	
gesamt	

5. Das Stammkapital der GmbH entspricht dem gesetzlichen Mindestkapital. Sie haben sich mit 5.000,00 €, Ihr Vater mit 9.750,00 € und Ihr Freund bzw. Ihre Freundin mit dem Rest beteiligt. Erklären Sie, wie viele Stimmen ihr Freund bzw. Ihre Freundin in der Gesellschafterversammlung hat.

6. Jennifer Heisterbach erhält ein Angebot der Porzellan-Manufaktur Neustadt UG (haftungsbeschränkt).

a) Erläutern Sie, was Jennifer Heisterkamp bedenken sollte, wenn sie die Geschäftsbeziehung mit dieser Firma aufnimmt.

b) Nennen Sie die Unternehmensform, zu der eine UG gehört.

c) Nennen Sie den Betrag, der bei der Gründung einer UG mindestens als Stammkapital einzubringen ist.

d) Erläutern Sie, wie der Gesetzgeber sicherstellt, dass das Stammkapital einer UG mit laufender Geschäftstätigkeit erhöht wird.

5506188

14.4 Kooperation und Konzentration

Erarbeitungsaufgaben

1. Stellen Sie Vorzüge, Risiken und Grenzen dar, die sich aus einer möglichen Kooperation ergeben.

Kooperation		
Vorteile	Risiken	Grenzen

2. Zahlreiche kleine und mittlere Einzelhandelsunternehmen erkennen, dass ihre Marktposition im Wettbewerb mit den zunehmend entstehenden Großbetrieben des Einzelhandels immer schwächer wird. Sie befürchten, vom Markt verdrängt zu werden. Um dies zu verhindern, beschließen sie, im Rahmen einer von ihnen neu zu gründenden Einkaufs- und Beratungsgesellschaft zu kooperieren. Nennen Sie die Unternehmensbereiche, auf die eine solche Kooperation Einfluss hat.

....

3. Erläutern Sie die Begriffe horizontale Kooperation und vertikale Kooperation.

horizontale Kooperation	vertikale Kooperation

4. Zählen Sie auf, welche Vor- und Nachteile mit der Vermietung von Regalflächen an einen Rack-Jobber für den Einzelhandel verbunden sind.

Rack-Jobber im Einzelhandel	
Vorteile	Nachteile

Situation
Erarbeitung
Zusatz
Forder

5. Erläutern Sie die Kooperationsform des Franchising.

....

....

....

....

....

6. Klären Sie, welche der genannten Kooperationsformen in den folgenden Fällen vorliegen.

Fall	
a) Bestellungen vieler kleinerer und mittlerer Lebensmitteleinzelhändler werden gebündelt, um Vorteile des Großeinkaufs nutzen zu können.	
b) Einem Automobilhändler werden von seinem Lieferer Fahrzeuge einer bestimmten Marke und die damit verbundenen Dienstleistungen, das Warenzeichen, das „Know-how" u. a. zur Verfügung gestellt, ohne dass der Händler seine Selbstständigkeit verliert.	
c) Bildung einer Arbeitsgemeinschaft zur Erreichung verschiedener Ziele zwischen einem Großhändler und vielen Einzelhändlern, wobei die Mitglieder nicht gebunden sind.	
d) Ein Modehaus stellt einem Modeschmuckhändler ein Regal für Halsketten und Armbänder zur Verfügung, das vom Großhändler regelmäßig auf eigene Rechnung aufgefüllt wird; nicht verkaufte Ketten und Armbänder nimmt der Großhändler zurück.	

Kooperationsformen	
1	Rack-Jobber
2	Franchising
3	freiwillige Kette
4	Einkaufsverband

7. Entscheiden Sie, welcher Vorteil sich einem Einzelhändler durch den Anschluss an eine Einkaufsorganisation bietet.

a) Die Einkaufsorganisation übernimmt für den Einzelhändler den Einzug von Forderungen. ☐

b) Die Einkaufsbedingungen verbessern sich für den Einzelhändler.

c) Beim Wareneinkauf über die Einkaufsorganisation entfallen sämtliche Bezugskosten.

d) Die Einkaufsorganisation verschafft dem Einzelhändler steuerliche Vergünstigungen.

e) Der Einzelhändler kann alle nicht verkauften Waren an die Einkaufsorganisation zurückgeben.

Zusatzaufgaben

1. „Ich kann mit jedem Einzelhändler kooperieren. Solange er tut, was ich sage."

a) Nehmen Sie zu der Aussage Stellung.

....

....

....

....

....

....

5506190

b) Präsentieren Sie mögliche Kooperationsgrundsätze in Form einer Checkliste.

2. Die verschiedenen Geschäfte eines Einkaufszentrums haben beschlossen, das Einkaufszentrum unter dem Motto „Nachhaltiges Einkaufen“ neu zu eröffnen. Die beteiligten Einzelhändler haben sich bereits bezüglich Name der Kooperation, Beginn, Dauer und Kündigung geeinigt. Erarbeiten Sie weitere wichtige Punkte, die ein Kooperationsvertrag enthalten muss.

3. Ein großes Möbelhaus plant die Erweiterung der Geschäftsräume und stellt bei der Hausbank einen Kreditantrag von 4 Mio. €. Satzungsbedingt darf die Bank aber nur Kredite bis zu 2 Mio. € gewähren. Erläutern Sie, wie die Bank im Wege einer Kooperation die Kreditgewährung an das Möbelhaus dennoch ermöglichen könnte.

4. Der Hersteller ComPad beabsichtigt, sein neuestes Produkt weltweit anzubieten. Aus diesem Grund plant er, auf der nächsten großen Computermesse mit einem Stand seine Produkte zu präsentieren. Im Laufe der Planung zeigt sich aber, dass die Kosten für einen eigenen Messestand das Budget übersteigen. Zeigen Sie Möglichkeiten auf, wie das Unternehmen trotz der hohen Kosten auf der Computermesse vertreten sein könnte.

5. Geben Sie an, welche der untenstehenden Aussagen auf die Kooperationsform Rack-Jobber zutrifft.

☐

a) Ein Großhändler übernimmt vom Einzelhändler Regalflächen, besorgt auf eigene Rechnung die Regalauffüllung und Warenpflege und trägt das Absatzrisiko.

b) Viele kleinere und mittlere Lebensmitteleinzelhändler schließen sich zusammen, um Vorteile des Großeinkaufs nutzen zu können.

c) Ein Einzelhändler übernimmt Waren eines Lieferers und verkauft diese im eigenen Namen auf Rechnung seines Auftraggebers.

d) Zwischen Hersteller und Einzelhändler wird eine vertragliche Bindung eingegangen, wobei der Einzelhändler bestimmte Waren im Rahmen eines Marketingprogramms des Herstellers anbietet.

e) Ein Einzelhändler nutzt die Beschaffungsvorteile in einem Mitgliederverband und stärkt dadurch seine Wettbewerbsfähigkeit.

6. Entscheiden Sie, um welche der genannten Kooperationsformen es sich in den unten stehenden Fällen handelt.

Fall	
a) In einem Einkaufszentrum sind Einzelhändler und Dienstleistungsunternehmen unterschiedlicher Branchen zusammengefasst.	
b) Ein Einzelhändler schließt mit einem Hersteller einen Vertrag, wobei der Einzelhändler sich verpflichtet, Waren dieses Herstellers im Rahmen eines Marketing-Programms anzubieten.	
c) Ein Einzelhändler nutzt die Möglichkeit der Zusammenarbeit im Franchising-System.	
d) Mehrere Einzelhändler schließen sich zu einer Einkaufsgenossenschaft zusammen.	
e) Eine Handelsgesellschaft kauft mehrere Lebensmitteleinzelhändler auf, wobei die Einzelhändler rechtlich selbstständig bleiben, ihre wirtschaftliche Selbstständigkeit jedoch aufgeben.	
f) Ein Einzelhändler vermietet freie Verkaufsfläche seines Ladenlokals an einen Großhändler.	

Kooperationsformen	
1	horizontale Kooperation
2	vertikale Kooperation
3	weder horizontale noch vertikale Kooperation

7. Entscheiden Sie, welche der unten stehenden Aussagen im Zusammenhang mit der Kooperationsform Rack-Jobber zutrifft.

Der Einzelhändler ... ☐

a) hat Rechte am Absatzprogramm des Lieferers.

b) trägt kein Lagerrisiko.

c) übernimmt die Warenpflege und Regalauffüllung.

d) erhält Einkaufsrabatte vom Lieferer.

e) übernimmt die Warendisposition.

8. Kennzeichnen Sie, welche der folgenden Aussagen auf Franchising zutrifft. ☐

a) Der Einzelhändler erhält vertraglich das Recht zugesichert, Ware gegen Zahlung einer Provision in eigenem Namen für Rechnung eines anderen zu verkaufen.

b) Durch die Zahlung einer Gebühr erhält der Einzelhändler vertraglich das Recht an beweglichen Anlagegütern, diese in seinem Betrieb einzusetzen.

c) Das Warenangebot wird durch den Hersteller in Regalen platziert und dem Einzelhändler zum Verkauf zur Verfügung gestellt.

d) Durch Vertrag mit einem Hersteller erhält der Einzelhändler gegen Zahlung einer bestimmten Gebühr das Recht, die Waren unter dem Namen des Herstellers zu vertreiben und das Verkaufskonzept des Herstellers zu nutzen.

9. Entscheiden Sie, um welche der genannten Kooperationsformen es sich in den unten stehenden Fällen handelt.

Fall	
a) sind Absatz- und Betriebsorganisationsrichtlinien zu beachten.	
b) hat sich der Einzelhändler einem einheitlichen Erscheinungsbild der Unternehmungen am Markt unterzuordnen.	
c) trägt der Einzelhändler kein Risiko.	
d) muss der Einzelhändler für gelieferte Waren keine Bezugskosten übernehmen.	
e) schließen sich Einzelhändlern zu einer juristischen Person zum Ausgleich von Wettbewerbsnachteilen gegenüber anderen Großunternehmungen zusammen.	

Kooperationsformen	
1	Franchising
2	Rack-Jobber
3	Einkaufsgenossenschaften

Forderaufgaben

1. Zur Erhaltung ihrer Wettbewerbsfähigkeit gehen Einzelhändler oft mit anderen Unternehmungen Kooperationen ein. Entscheiden Sie für die genannten Kooperationsform, ob sie zum Zwecke des Warenabsatzes, der Warenbeschaffung oder der Betriebsführung gebildet werden.

Kooperationsformen	Zweck
a) Einkaufszentrum	
b) Gemeinschaftswarenhaus	
c) Shop-in-the-shop	
d) Einkaufsverband	
e) Erfa-Gruppe	

2. Erklären Sie, welche Argumente für eine Zusammenarbeit von Unternehmungen sprechen.

....

....

....

3. Unterscheiden Sie, Kooperation und Konzentration.

Kooperation	Konzentration

4. Stellen Sie fest, ob es sich bei unten stehenden Sachverhalten um eine Konzentration **K**, vertikale Kooperation **V** oder horizontale Kooperation **H** von Unternehmungen handelt.

Ein Einzelhändler ...

a) stellt freie Verkaufsflächen seines Ladenlokals seinem Großhändler gegen ein entsprechendes Entgelt zur Verfügung. ☐

b) schließt mit einem Hersteller einen langfristigen Vertrag ab, wobei dem Einzelhändler erlaubt wird, bestimmte Waren unter genau festgelegten Bedingungen zu verkaufen. ☐

c) gründet mit weiteren Einzelhändlern eine Einkaufsgenossenschaft. ☐

d) wird von einer Gesellschaft aufgekauft und muss seine wirtschaftliche Selbstständigkeit aufgeben. Die rechtliche Selbstständigkeit bleibt aber erhalten. ☐

e) gründet mit weiteren Einzelhändlern ein Einkaufszentrum. ☐

5. Klären Sie, welche der untenstehenden Aussagen die Konzentration von Einzelhandelsunternehmen zutreffend beschreibt.

Durch die Konzentration wird ☐

a) der Wettbewerb der Unternehmungen untereinander erheblich gefördert.

b) die Bildung von Machtpositionen einzelner Unternehmungen verhindert.

c) u. a. die Verbesserung der Wirtschaftlichkeit der beteiligten Unternehmen angestrebt.

d) die Entfaltungsmöglichkeit der Konkurrenz gestärkt.

Situation
Erarbeitung
Zusatz
Forder

6. Zeigen Sie auf, bei welcher der unten stehenden Kooperationsformen es sich um horizontale Kooperation handelt.

a) Franchising ☐

b) freiwillige Kette

c) Rack-Jobber

d) Einkaufsgenossenschaft

7. Entscheiden Sie, welche der untenstehenden Aussagen auf die Kooperationsform „Einkaufsgenossenschaft" zutrifft.

a) Bildung einer Arbeitsgemeinschaft mit unterschiedlichen Zielsetzungen zwischen einem Großhändler und mehreren Einzelhändlern, ohne dass die Mitglieder gebunden sind. ☐

b) Viele kleinere und mittlere Lebensmitteleinzelhändler schließen sich zusammen, um Vorteile des Großeinkaufs nutzen zu können.

c) Ein Einzelhändler übernimmt Waren eines Lieferers und verkauft diese im eigenen Namen auf Rechnung seines Auftragsgebers.

d) Zwischen Hersteller und Einzelhändler wird eine vertragliche Bindung eingegangen, wobei der Einzelhändler bestimmte Waren im Rahmen eines Marketingprogramms des Herstellers anbietet.

e) Zusammenschluss von Einzelhändlern zu einer juristischen Person, um z.B. Wettbewerbsnachteile gegenüber Großunternehmen ausgleichen zu können.

8. Erläutern Sie Kartell, Konzern und Trust anhand der in der Übersicht genannten Merkmale.

	Kartell	**Konzern**	**Trust**
Ziele der Zusammenarbeit			
rechtliche Selbstständigkeit			
wirtschaftliche Selbstständigkeit			

9. Füllen Sie den Lückentext aus und markieren Sie die Lösungswörter im Buchstabensalat.

a) .... ist die weitestgehende .... in einem Unternehmen.

b) Die .... eines Kaufmanns ist der Name, unter dem er seine Geschäfte betreibt und die Unterschrift abgibt.

c) Die OHG ist eine Personengesellschaft, wobei alle Gesellschafter neben dem eingesetzten .... u.a. persönlich haften.

d) Bei einer .... sind mehrere Personen an dem Unternehmen beteiligt.

Situation
Erarbeitung
Zusatz
Forder

e) Das Kapital einer Aktiengesellschaft ist in .... aufgeteilt.

f) Die Gesellschafter der OHG haften solidarisch, unmittelbar und ....

g) Der .... ist das Leitungsorgan der Aktiengesellschaft.

h) Bei der GmbH ist eine persönliche .... ausgeschlossen.

i) Die .... einer GmbH sind Geschäftsführer, Aufsichtsrat und Gesellschafterversammlung.

j) Anders als bei der .... ist unter .... die freiwillige Zusammenarbeit rechtlich und wirtschaftlich selbstständig bleibender Unternehmen zu verstehen.

k) Oftmals schreibt der Gläubiger an den Schuldner eine Mahnung und fordert ihn auf, bis zu einer von ihm gesetzten .... den fälligen Kaufpreis zu zahlen.

l) Die Verjährungsfrist wird durch den Zeitraum der .... verlängert.

A	G	L	E	D	N	A	H	L	E	Z	N	I	E	H	H	E	T	Z	U	V	E	T	W	A	S
N	F	A	L	S	C	H	E	S	O	L	T	A	R	A	A	G	V	B	T	T	A	N	T	T	E
F	I	V	O	I	I	M	E	N	G	E	O	K	G	N	N	O	N	R	E	S	O	K	S	D	I
A	N	N	A	L	L	P	R	O	K	U	R	A	S	D	L	R	H	N	I	O	I	M	I	V	S
N	O	T	A	R	E	Q	G	J	K	K	P	Ö	P	L	E	E	N	K	Z	H	F	R	R	K	O
A	G	G	B	O	W	T	S	I	I	L	E	R	M	A	L	T	U	E	R	G	E	T	F	P	L
T	S	A	H	R	E	C	H	T	S	F	O	A	M	U	S	S	N	N	P	R	O	K	W	Z	L
G	E	S	T	E	T	N	I	S	T	K	C	U	F	S	V	I	K	I	J	H	A	B	E	N	D
U	A	T	W	I	R	C	H	O	K	H	B	B	O	T	E	G	T	L	A	N	H	B	G	M	I
W	N	R	N	A	R	B	E	G	T	S	S	O	R	A	R	E	E	U	R	O	P	A	R	O	V
A	K	T	T	S	O	L	L	R	U	S	A	C	M	G	T	R	L	I	E	T	N	A	T	S	I
F	O	R	E	E	G	H	A	U	F	E	T	H	A	G	E	S	E	L	L	S	C	H	A	F	T
M	I	S	T	R	N	A	R	N	M	S	Z	U	T	U	M	L	G	O	F	R	E	G	I	N	S
I	N	R	M	Z	N	W	E	R	A	T	U	M	T	N	D	E	E	T	D	N	U	B	T	I	O
N	O	T	M	A	L	Ä	C	U	N	U	R	L	A	U	B	D	L	I	E	B	E	R	R	S	N
U	N	F	A	A	L	L	H	H	N	R	I	A	L	S	A	N	D	I	D	L	E	A	D	A	N
S	N	U	F	I	R	A	T	M	N	Z	C	T	L	E	L	A	S	N	O	T	K	L	A	N	O
Z	A	H	L	S	C	H	E	I	N	E	H	E	O	G	L	H	A	G	E	O	R	K	M	R	I
A	K	T	I	E	N	A	A	A	K	N	T	R	T	N	T	T	P	D	R	U	G	N	A	O	T
N	N	A	M	U	A	K	N	N	A	K	I	M	H	M	S	P	G	P	N	N	B	U	H	S	A
E	I	G	E	N	K	A	P	I	T	A	L	I	A	R	R	R	B	N	U	A	O	E	N	I	R
I	N	E	I	N	Z	E	L	K	A	U	F	N	O	H	F	I	M	T	A	F	T	O	U	V	T
N	S	O	G	E	T	S	I	A	S	R	O	V	M	O	H	N	F	U	G	F	H	S	N	I	N
K	O	R	E	T	J	O	C	K	D	P	O	A	G	E	T	A	N	E	Z	N	O	K	G	D	E
O	L	G	N	T	A	R	I	F	E	E	U	K	A	P	H	E	M	M	U	N	G	A	R	O	Z
M	V	A	T	O	N	I	E	S	E	T	Z	G	L	A	E	U	B	I	G	E	R	H	U	I	N
M	E	N	O	T	K	N	E	A	R	H	C	S	E	B	N	U	N	B	E	S	O	R	A	E	O
A	N	E	R	U	E	G	E	N	N	K	A	N	N	K	A	U	F	M	A	N	N	H	C	A	K
R	E	C	I	T	L	R	E	T	F	R	U	A	K	S	I	F	E	H	C	A	W	N	H	A	M
E	N	R	E	G	E	K	O	O	P	E	R	A	T	I	O	N	S	O	L	R	E	T	E	U	G

Situation
Erarbeitung
Zusatz
Forder

14.5 Finanzierung

Erarbeitungsaufgaben

1. Ordnen Sie den folgenden Fällen die zutreffenden Investitionsbegriffe zu.

Fall	
a) Die Trendino Computer-Shop GmbH kauft ein neues Kassensystem.	
b) Im Kassensystem wird eine elektronische Waage durch eine neue ersetzt. Der Ausdruck eines Etiketts am Stand der Ware entfällt daher ab sofort.	
c) Die Früchte-Traum OHG kauft zum Schutz der vor der Türe angebotenen Ware eine Markise und lässt sie montieren.	
d) Die Trendino Computer-Shop GmbH eröffnet mit einem Großhändler zusammen einen Online-Vertrieb. Trendino stellt die Hardware zur Verfügung.	

Investitionsart	
1	Gründungsinvestition
2	Ersatzinvestition
3	Erweiterungsinvestition
4	Rationalisierungsinvestition

2. Erläutern Sie, welche Auswirkungen Finanzierungsvorgänge einerseits und Investitionsvorgänge andererseits auf die Bilanz haben.

Finanzierungsvorgänge	Investitionsvorgänge

3. Beschreiben Sie, woran sich Finanzierungsvorgänge erkennen lassen, die sich den Arten Eigen- oder Fremdfinanzierung, Innen- oder Außenfinanzierung zuordnen lassen.

	Diese Art der Finanzierung ist zu erkennen an...
Eigenfinanzierung	
Fremdfinanzierung	
Innenfinanzierung	
Außenfinanzierung	

4. Ein Einzelhandelsunternehmen hat die Möglichkeit, sein Sortiment zu erweitern, muss dazu aber größere Umbauten im Ladenlokal vornehmen. Insgesamt müssen Investitionen in Höhe von 75.000,00 € vorgenommen werden.

a) Schildern Sie, unter welchen Umständen das Unternehmen die notwendigen Geldmittel durch Innenfinanzierung aufbringen kann.

5506196

b) Ermitteln Sie, unter welchen Umständen das Unternehmen die notwendigen Geldmittel durch Außenfinanzierung aufbringen kann.

...

c) Erläutern Sie, welche Vorteile Sie bei einer Innenfinanzierung gegenüber einer Außenfinanzierung sehen.

...

5. Ein Existenzgründer plant in den ersten Monaten mit folgenden Kosten (Werte, soweit nicht anders angegeben, für drei Monate):

Beschaffung eines ersten Lagers mit 50 Fahrrädern, Einkaufswert jeweils ca. 270,00 €:	13.500,00 €
Einkauf Ersatzteile, Zubehör:	4.000,00 €
Anschaffungskosten Werkzeuge und Maschinen:	2.500,00 €
Ladenmiete für drei Monate:	4.500,00 €
Ausgaben für Werbung:	2.400,00 €
sonstige Kosten (z. B. für Verwaltung, Abgaben, Energie, Telekommunikation):	3.000,00 €
Verdienstausfall:	9.000,00 €

a) Berechnen Sie, welchen Finanzierungsbedarf der Existenzgründer bei Eröffnung des Unternehmens hat.

...

b) Ermitteln Sie, welchen Finanzierungsbedarf er in den ersten drei Monaten hat.

...

c) Formulieren Sie einen Vorschlag für die Aufteilung der Finanzierung in Innen- und Außenfinanzierung. Begründen Sie Ihren Vorschlag.

...

d) Stellen Sie dar, welche Finanzierungskosten dem Existenzgründer in den ersten drei Monaten entstehen, wenn er 40 % seines Finanzierungsbedarfs durch einen Bankkredit abdecken will. Der Zinssatz der Bank beträgt 9,75 % p. a.

...

6. Die Mutter des Existenzgründers will ihrem Sohn bei der Unternehmensgründung helfen. Sie bezieht eine geringe Rente, verfügt aber über Einnahmen aus der Vermietung eines Hauses. Sie bietet an, eine Bürgschaft für ihren Sohn zu unterschreiben.

Situation
Erarbeitung
Zusatz
Forder

a) Stellen Sie dar, welche Arten von Bürgschaften möglich sind.

b) Beschreiben Sie, welches Risiko die Mutter im jeweiligen Fall eingeht.

a) Arten der Bürgschaft	b) Risiken

7. Ein Einzelhandelsunternehmen ist seit 15 Jahren an einem Standort tätig. Seine Bilanz hat das folgende Aussehen.

Aktiva	Bilanz 20..		Passiva
Anlagevermögen		**Eigenkapital**	
Grundstücke	127.000,00 €	Eigenkapital	713.500,00 €
Gebäude	225.000,00 €		
Technische Anlagen	75.000,00 €	**Fremdkapital**	
Ladenausstattung	146.000,00 €	Bankdarlehen	185.000,00 €
Umlaufvermögen		Verbindlichkeiten aus	
Warenvorräte	560.000,00 €	Lieferungen und Leistungen	460.000,00 €
Forderungen	18.500,00 €		
Kasse	32.000,00 €		
Bank	175.000,00 €		
	1.358.500,00 €		1.358.500,00 €

a) Erläutern Sie den unterschiedlichen Informationsgehalt der beiden Bilanzseiten.

b) Erläutern Sie, was die „Goldene Bilanzregel" besagt.

c) Prüfen Sie, ob die „Goldene Bilanzregel" eingehalten wird.

5506198

Situation
Erarbeitung
Zusatz
Forder

8. Erläutern Sie, welche Gründe es geben kann, dass ein Kreditinstitut die Finanzierungswünsche eines Unternehmens ablehnt.

....

....

....

....

....

....

....

....

Zusatzaufgaben

1. Entscheiden Sie für die folgenden Vorgänge, ob es sich um Kosten **K**, Investition **I** oder Finanzierung **F** handelt.
   a) Die Aushilfe im Feinkostgeschäft Früchte-Traum OHG wird für das Wochenende bar bezahlt. ☐
   b) Der Welt-Laden kauft für 680,00 € einen neuen Etikettendrucker bei der Trendino Computer-Shop GmbH. ☐
   c) Zur Einführung einer neuen Kaffeesorte erhält der Welt-Laden von einem Großhändler einen Werbekostenzuschuss. ☐
   d) Der Weltladen überweist die Rechnung für ein Plakat, das für eine neue Kaffeesorte wirbt. ☐
   e) Die Trendino Computer-Shop GmbH liefert den neuen Etikettendrucker auf Rechnung. ☐

2. Ordnen Sie die folgenden Vorgänge der Innenfinanzierung **I** oder der Außenfinanzierung **A** zu.
   a) Jutta Fröhlich bezahlt von ihrem privaten Girokonto die Rechnung für einen neuen Computer im Verwaltungsbüro des Welt-Ladens. ☐
   b) Der Welt-Laden verkauft seine gebrauchten Etikettendrucker gegen Barzahlung. ☐
   c) Nach mehrmaliger Mahnung überweist ein Kunde seinen offenen Rechnungsbetrag auf das Konto des Welt-Ladens. ☐
   d) Zur Einführung einer neuen Kaffeesorte erhält der Welt-Laden von einem Großhändler einen Werbekostenzuschuss. ☐
   e) Jutta Fröhlich überweist auf das Geschäftskonto des Welt-Ladens 3.000,00 €. ☐
   f) Da das Softwarehaus das bestellte Warenwirtschaftssystem nicht liefern kann, erhält der Welt-Laden die bereits geleistete Anzahlung zurück. ☐

Situation
Erarbeitung
Zusatz
Forder

3. Für den Welt-Laden wird ein neuer Etikettendrucker gesucht, der über mehrere Jahre genutzt werden soll. In einem Katalog für Büroartikel werden drei Etikettendrucker angeboten.

technische Daten	QL-650TD	QL-1050	QL-1060N
max. Druckgeschwindigkeit (s/w)	56 Etiketten/Min.	69 Etiketten/Min.	69 Etiketten/Min.
max. Etikettenbreite (mm)	62	102	102
max. Etikettenlänge (mm)	1,0	3,0 (Windows)/1,0 (nicht Windows)	
Schnittstellen	USB, seriell	USB, seriell	USB, seriell, Netzwerkanschluss
Besonderheit	– automatische Etikettenerkennung – integrierte Schriften und Barcodes – Verwendung mit und ohne PC möglich – Datum- und Uhrzeitdruck auf Tastendruck – Display: 2 Zeilen, 16 Zeichen	– automatische Etikettenerkennung – integrierte Schriften und Barcodes – druckt bis zu 102 mm breite Etiketten	– automatische Etikettenerkennung – integrierte Schriften und Barcodes – netzwerkfähig – druckt bis zu 102 mm breite Etiketten – Konfiguration und Management des Etikettendruckers über den Webbrowser
Lieferung beinhaltet	Netz- und USB-Kabel, P-Touch Editor- und Adressbuch-Software, Endlos-Etiketten (1 Pack., 62 mm x 8 m), runde Einzeletiketten (1 Pack., 24 mm Durchm., 250 Stück)	Netz- und USB-Kabel, P-Touch Editor-Software, Endlos-Etiketten (1 Pack., 62 mm x 8 m), Versandetiketten (1 Pack., 102 x 152 mm, 40 Stück)	
Maße in cm (B x T x H)	14,6 x 19,6 x 15,2	17,0 x 22,0 x 14,8	17,0 x 22,0 x 14,8
Best.-Nr.	584063-22	693903-22	785204-22
Netto-Stückpreis in €	179,99	149,90	189,90

Analysieren Sie die technischen Daten der drei Geräte und schlagen Sie vor, mit welchem Gerät die im folgenden genannten Geräte ersetzt werden können, um eine Ersatz-, Erweiterungs- oder Rationalisierungsinvestition zu erzielen.

Anforderung	Vorschlag
a) Das Gerät QL-1050 soll im Rahmen einer Ersatzinvestition ausgetauscht werden.	Infrage kommt QL-1050N. Beide Geräte weisen die gleiche maximale Druckgeschwindigkeit auf.
b) Das Gerät QL-650TD soll im Rahmen einer Ersatzinvestition ausgetauscht werden.	
c) Das Gerät QL-650TD soll im Rahmen einer Erweiterungsinvestition ausgetauscht werden.	
d) Das Gerät QL-650TD soll im Rahmen einer Rationalisierungsinvestition ausgetauscht werden.	
e) Das Gerät QL-1050N soll im Rahmen einer Ersatzinvestition ausgetauscht werden.	
f) Das Gerät QL-1050N soll im Rahmen einer Erweiterungsinvestition ausgetauscht werden.	

5506200

4. Jutta Fröhlich möchte für den Welt-Laden den Etikettendrucker QL-650 TD kaufen (vgl. Aufgabe 3). Im Moment nimmt der Welt-Laden einen Dispositionskredit in Anspruch. Der Zinssatz 11,00 % pro Jahr. Der Anbieter des Etikettendruckers gewährt ein Zahlungsziel von 4 Wochen. In dieser Zeit erwartet der Welt-Laden Zahlungseingänge, die den Kontostand wieder in den positiven Bereich führen würden.

a) Berechnen Sie, welcher Betrag vom Geschäftskonto abgebucht wird, wenn der Händler 3 % Skonto gewährt. Der Betrag wird sofort abgebucht. Es ist ein Umsatzsteuersatz von 19 % zu berücksichtigen.

....

....

b) Berechnen Sie, welche zusätzlichen Zinskosten durch den Kauf des Etikettendruckers entstehen, wenn der Welt-Laden für die Dauer von drei Wochen den Dispositionskredit um den Abbuchungsbetrag erhöhen muss.

....

....

5. Für die Finanzierung einer neuen EDV-Anlage im Wert von 14.000,00 € liegen folgende Angebote vor:
- Leasing der Anlage mit einer Mietzeit von acht Jahren, jährliche Mietzahlung in Höhe von 2.450,00 €
- Aufnahme eines Bankdarlehens, Rückzahlung in acht gleichen Jahresraten, zuzüglich einer Verzinsung der Restschuld am Jahresanfang mit 10,00 %.

a) Erläutern Sie die grundlegenden Unterschiede zwischen den Alternativen.

Alternative Leasing	Alternative Kauf

b) Errechnen Sie die Liquiditätsbelastung beider Vorschläge für die gesamten acht Jahre.

....

....

....

....

....

....

....

....

....

....

....

....

....

c) Erläutern Sie für jede der beiden Alternativen die Vorteile.

pro Leasing	pro Kauf

6. Für den Kauf der EDV-Anlage in Aufgabe 5 erstellt die Bank noch ein weiteres Kreditangebot: Für Zins und Tilgung sollen pro Jahr 2.625,00 € gezahlt werden. Ermitteln Sie in der folgenden Tabelle Laufzeit und Kosten des Kredits.

Jahr	Restschuld	Zinsen auf die Restschuld	Zahlung	Tilgung	neue Restschuld
1					
2					
3					
4					
5					
6					
7					
8					
gesamt					

7. Zur Finanzierung eines Pkw-Kaufs werden von der Bank ein Tilgungs- und ein Annuitätendarlehen angeboten. Der PKW kostet 21.000,00 €. Es wird mit einer Nutzungsdauer von sieben Jahren gerechnet. Die Finanzierung soll über den gleichen Zeitraum laufen. Das Tilgungsdarlehen hat einen Zinssatz von 7,3 %. Das Annuitätendarlehen hat einen Zinssatz von 7,7 %, jährlich wird ein Betrag von 4000,00 € bezahlt. Stellen Sie in den folgenden Tabellen den Verlauf beider Darlehensvarianten dar.

Jahr	Restschuld am Jahresanfang	Zinsen	Tilgung	Gesamtzahlung
1				
2				
3				
4				
5				
6				
7				
gesamt				

Tilgungsdarlehen

Situation
Erarbeitung
Zusatz
Forder

Jahr	Restschuld am Jahresanfang	Zinsen	Gesamtzahlung	Tilgung
1				
2				
3				
4				
5				
6				
7				
gesamt				

Annuitätendarlehen

8. Erläutern Sie den Inhalt der „Goldenen Bilanzregel“.

....

....

....

....

9. Zwei Pkw-Hersteller bieten für ihre neuentwickelten Elektrofahrzeuge folgende Leasingverträge an:

Hersteller A	Hersteller B
Laufzeit: 4 Jahre (48 Monate) Anzahlung: 0 € Monatsrate 299,00 € (Wartung und Reparatur enthalten!) Restwert: 7.999,00 €	Leasing bei 48 Monaten Laufzeit und einer Laufleistung von 10.000 km pro Jahr 91 Euro pro Monat. Hinzu kommt eine 25-Prozent-Sonderzahlung. Zusätzlich muss bei diesem Hersteller die Batterie geleast werden. Hierfür sind die Konditionen: – 48 Monate Laufzeit, 7 500 km/Jahr – 50,00 € – 48 Monate Laufzeit, 10 000 km/Jahr – 54,00 € – 48 Monate Laufzeit, 12 500 km/Jahr – 58,00 € – 48 Monate Laufzeit, 15 000 km/Jahr – 62,00 €

Berechnen Sie, welche Kosten für Wartung und Reparatur bei Hersteller B fällig werden dürfen, damit die beiden Angebote gleichwertig sind.

....

....

....

....

....

....

....

....

....

....

....

Situation
Erarbeitung
Zusatz
Forder

10. Entscheiden Sie, welche der folgenden Aussagen auf den Darlehensvertrag **D**, den Leasingvertrag **L**, den Darlehens- und den Leasingvertrag **DL** oder auf keinen der beiden Verträge **K** zutreffen.

a) Der Vertrag wird auf unbestimmte Zeit abgeschlossen. ☐

b) Vertragsinhalt ist die zeitlich befristete Überlassung eines Vermögensgegenstands bzw. -werts. ☐

c) Der Vertragsinhalt ähnelt einem Kaufvertrag. ☐

d) Der Vertragsinhalt ähnelt einem Miet- oder Pachtvertrag. ☐

e) Der Vertrag hat (immer) Auswirkungen auf die Bilanz. ☐

f) Die Eigentumsverhältnisse der Vertragspartner bleiben unverändert. ☐

g) Die Liquidität wird weniger stark belastet. ☐

11. Im Lager eines Lebensmittelgeschäfts wird eine neue Tiefkühlanlage installiert. Die Anschaffungs-, Umbau- und Installationskosten betragen 184.000,00 €. Die Unternehmensleitung geht davon aus, dass die Anlage über einen Zeitraum von mehr als 15 Jahren genutzt werden kann. Es wird eine angemessene Finanzierung gesucht.

a) Erläutern Sie, warum eine solche Anlage zumeist nicht geleast werden kann.

....

....

....

....

....

b) Der Kauf der Anlage soll aus vorhandenen Geldmitteln bezahlt werden. Erläutern Sie, welche Änderung in der Bilanz vorliegt.

....

....

c) Der Kauf muss nun doch finanziert werden. Erläutern Sie, wie sich die Bilanz ändert.

....

....

d) Nennen Sie Argumente, die für die Eigenfinanzierung bzw. für die Fremdfinanzierung der Anlage sprechen.

pro Eigenfinanzierung	pro Fremdfinanzierung

e) Erläutern Sie die Voraussetzungen, damit im Falle einer Finanzierung die goldene Finanzierungsregel eingehalten werden kann.

....

....

....

....

5506204

Forderaufgaben

1. Für den Kauf eines Pkw im Wert von 26.000,00 € liegen Finanzierungsangebote von zwei Kreditinstituten vor.
   - Bank A: Zinssatz: 9,00 %, Laufzeit: 8 Jahre, Auszahlung: 99,00 % (Disagio 1,00 %), Bearbeitungsgebühr: 1,00 %
   - Bank B: Zinssatz: 8,80 %, Laufzeit: 8 Jahre, Disagio 2,50 %, Spesen: 150,00 €, Bearbeitungsgebühr: 2,50 %

   a) Ermitteln Sie für beide Kreditangebote die während der Laufzeit zu zahlende Zinssumme, wenn keine Tilgungen gezahlt werden.

   ....

   ....

   b) Ermitteln Sie für beide Kreditangebote den tatsächlichen Auszahlungsbetrag. Berücksichtigen Sie dabei Disagio und Bearbeitungsgebühren.

   ....

   ....

   ....

   c) Ermitteln Sie für beide Kreditangebote den effektiven Zinssatz. Berechnen Sie hierfür den durchschnittlichen jährlichen Zinssatz, der sich aus der Summe der zu zahlenden Zinsen, bezogen auf die tatsächliche Auszahlungssumme, ergibt.

   ....

   ....

2. Die Anschaffungskosten eines Pkw in Höhe von 21.000,00 € sollen über 7 Jahre linear abgeschrieben werden.

   a) Erläutern Sie, welche Bedeutung Abschreibungen in der Gewinn- und Verlustrechnung des Unternehmens haben.

   ....

   ....

   ....

   b) Erläutern Sie, unter welchen Voraussetzungen davon gesprochen werden kann, dass es für das Unternehmen möglich ist, den Kauf des Pkw aus Abschreibungen zu finanzieren.

   ....

   ....

   ....

   ....

   ....

3. Für eine Warenlieferung im Wert von 36.500,00 € netto werden folgende Zahlungskonditionen vereinbart: Skontoabzug bei Zahlung innerhalb von 18 Tagen nach Lieferung: 4,5 %, innerhalb von 30 Tagen: 2,5 %. Zahlung auf Ziel, netto Kasse nach 48 Tagen.

   a) Zusätzlich werden noch Transportkosten in Höhe von 1.200,00 € berechnet. Berechnen Sie den Bruttobetrag der Rechnung.

   ....

Situation
Erarbeitung
Zusatz
Forder

b) Welcher Betrag ist zu überweisen, wenn innerhalb von 18 Tagen, innerhalb von 30 Tagen, nach 48 Tagen bezahlt wird und Skonto nur auf den Warenwert gewährt wird?

Zahlung	Überweisungsbetrag
innerhalb von 18 Tagen	
innerhalb von 30 Tagen	
nach 48 Tagen	

c) Die Ware ist nicht lange lagerfähig, allerdings verkauft sie sich sehr gut. Die Warenlieferungen sollen nun so erfolgen, dass die Umsatzerlöse aus dem Verkauf der vorherigen Lieferung die Ausnutzung des Skontoabzugs bei der aktuellen Lieferung ermöglichen (vgl. Abb.). Beantworten Sie die in der Tabelle gesammelten Fragen.

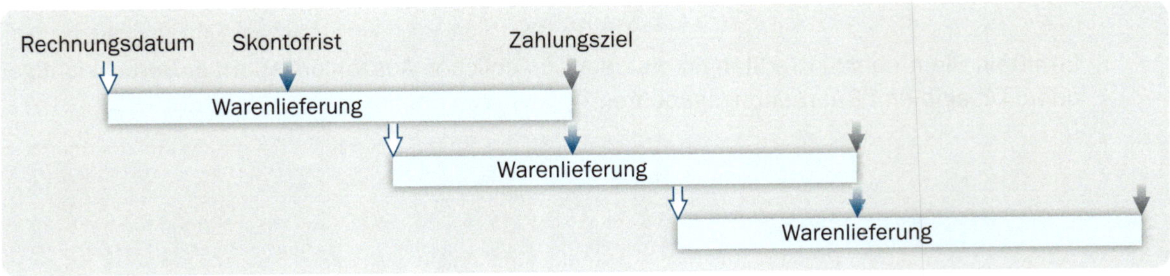

	bei Zahlung innerhalb von 18 Tagen	bei Zahlung innerhalb von 30 Tagen
Wie oft ist innerhalb eines Jahres der Skontoabzug möglich?		
Wie hoch ist die Summe aller innerhalb eines Jahres abziehbaren Skontobeträge?		
Wie viel Prozent des Rechnungswerts beträgt die Skonto-Ersparnis?		

4. Für die Anschaffung eines neuen Kassensystems muss eine Finanzierungslücke in Höhe von 16.800,00 € durch die Aufnahme eines Darlehens geschlossen werden. Folgende Alternativen stehen zur Auswahl:

- Bank A bietet eine Laufzeit von 7 Jahren an. In den ersten 3 Jahren wird der Zins festgelegt auf 8,25 %, danach 8,65 %. Die Auszahlung liegt bei 97,00 %, Bearbeitungsgebühren werden in Höhe von1,45 % der Kreditsumme fällig.
- Bank B bietet eine Laufzeit von 9 Jahren, das Disagio beträgt 4,00 %, die Bearbeitungsgebühren betragen bis zu einer Kreditsumme von 10.000,00 € pauschal 100,00 €, darüber hinaus werden zusätzlich 18,00 € je angefangene 1.000,00-€-Rate fällig. Der Zinssatz beträgt über die gesamte Laufzeit 8,45 %.

Berechnen Sie, welchen Betrag für Spesen Bank A maximal für die Bearbeitung des Kredits in Rechnung stellen darf, um den gleichen Effektivzins wie Bank B zu erreichen.

14.6 Sicherung der Liquidität

Erarbeitungsaufgaben

1. Ihnen liegt ein Auszug aus der Offenen-Posten-Liste (Debitoren) Ihres Unternehmens vor.

	A	B	C	D	E	F	G	H
1	**Forderungen**							
2	Offene-Posten-Liste (Debitoren) vom 20.11.20..							
3								
4	**Konto**	**Kundenname**	**OP-Nr.**	**Rechnungs-datum**	**Zahlungs-konditionen**	**Fälligkeit**	**Verzugstage**	**Rechnungs-betrag in Euro**
5	D20203	Brinkhoff	20..-1123	20.09.20..	30 Tage netto Kasse; innerhalb von 7 Tagen 2 % Skonto			158,17
6	D20409	Drechsler	20..-1409	13.08.20..	30 Tage netto Kasse; innerhalb von 14 Tagen 2 % Skonto			2.345,50
7	D21234	Schubert KG	20..-1523	27.07.20..	sofort			498,25
8	D20243	Yokus	20..-1544	25.11.20..	zahlbar bis Mitte Dezember			1.260,00

a) Berechnen Sie den fälligen Zahlungstermin der noch offenen Rechnungen.

b) Prüfen Sie, welche Kunden sich in Verzug befinden. Begründen Sie Ihre Entscheidung mit dem Hinweis auf die rechtliche Situation.

c) Schildern Sie, mit wie vielen Tagen sich die in b) ermittelten Kunden mit der Zahlung in Verzug befinden.

d) Begründen Sie die laufende Kontrolle der Fälligkeitstermine und den pünktlichen Eingang der Forderungen.

2. Erläutern Sie die Voraussetzungen, unter denen ein Kunde (Schuldner) mit der Zahlung in Verzug gerät.

4. Erläutern Sie die Rechte des Verkäufers (Gläubigers) im Fall der Nicht-Rechtzeitig-Zahlung an jeweils einem Beispiel.

Fortsetzung siehe folgende Seite

Situation
Erarbeitung
Zusatz
Forder

Recht des Gläubigers	Erläuterung an Beispiel

5. Milla Bertram, Alter Markt 17, 44892 Bochum, hat am 25.10. in Ihrem Ausbildungsbetrieb eine Waschmaschine im Wert von 1.299,00 € gekauft. Am gleichen Tag wurde die Waschmaschine ausgeliefert und auch die Rechnung übergeben. Der Kundin wurde ein Zahlungsziel von 14 Tagen eingeräumt. Am 10.11. hat Milla Bertram die Rechnung immer noch nicht bezahlt. Verfassen Sie die Zahlungserinnerung.

Ihr Zeichen: ....

Ihre Nachricht vom: ....

Unser Zeichen: ....

Unsere Nachricht vom: ....

Name: ....

Telefon: ....

Telefax: ....

E-Mail: ....

Datum: ....

6. Aufgrund von Liquiditätsschwierigkeiten gewährt der Lieferer dem Einzelhändler einen Zahlungsaufschub für die folgenden Rechnungen bis zum 30.11. und berechnet 9 % Verzugszinsen. Ermitteln Sie

a) die Zinstage für die Rechnungen Nr. 12345 und 54345.

b) die Zinsen insgesamt.

c) den Überweisungsbetrag am 30.11.

Rechnungs-nummer	Fälligkeit	Rechnungs-betrag	Zinstage	Zinsen in €	Überweisungs-betrag am 30.11. in €
12345	20.09.	7.900,00 €			
54345	14.10.	22.700,00 €			
gesamt					

7. Entwerfen Sie einen Standardbrief für die 2. Mahnung und die 3. Mahnung, der bei Nicht-Rechtzeitig-Zahlung an den betreffenden Kunden verschickt werden kann. Nutzen Sie die beiden auf S. 210 abgebildeten Briefvordrucke.

8. Prüfen Sie, welche Maßnahme Sie vorschlagen, falls ein neuer Kunde seine erste Rechnung nicht fristgerecht bezahlt.

....

....

....

9. Erläutern Sie, aus welchen Gründen Unternehmen Inkassoinstitute mit der Einziehung einer Forderung beauftragen.

....

....

10. Legen Sie dar, wann es ratsam ist, ein gerichtliches Mahnverfahren einzuleiten.

....

....

....

Zusatzaufgaben

1. Erläutern Sie die Vorgehensweise, wenn mithilfe des Internets ein Mahnbescheid beantragt wird.

....

....

....

2. Beschreiben Sie den Ablauf des gerichtlichen Mahnverfahrens.

....

....

....

....

Situation
Erarbeitung
Zusatz
Forder

Ihr Zeichen: ....
Ihre Nachricht vom: ....
Unser Zeichen: ....
Unsere Nachricht vom: ....
Name: ....
Telefon: ....
Telefax: ....
E-Mail: ....
Datum: ....

Ihr Zeichen: ....
Ihre Nachricht vom: ....
Unser Zeichen: ....
Unsere Nachricht vom: ....
Name: ....
Telefon: ....
Telefax: ....
E-Mail: ....
Datum: ....

3. Sie erhalten einen Mahnbescheid, in dem Sie aufgefordert werden, 250,00 € zu zahlen. Sie sind sich sicher, dass es sich um einen Irrtum handelt und reagieren nicht. Erläutern Sie die Folgen, die sich aus dem Schweigen ergeben können.

4. Erklären Sie, welche Konsequenzen eine Zwangsvollstreckung für den Schuldner hat.

5. Beschreiben Sie, wie ein Schuldner auf einen Mahnbescheid reagieren kann.

6. Innerhalb des gerichtlichen Mahnverfahrens wird von Mahn-, Amts- und Landgericht gesprochen. Erläutern Sie, welches Gericht wann in Anspruch genommen wird. Gehen Sie dabei auch auf die Höhe der Forderungen ein.

Mahngericht	Amtsgericht	Landgericht

7. Unterscheiden Sie zwischen Hemmung und Neubeginn der Verjährung.

Hemmung der Verjährung	Neubeginn der Verjährung

8. Erläutern Sie die „Einrede der Verjährung".

Situation
Erarbeitung
Zusatz
Forder

Forderaufgaben

1. Erklären Sie, was unter einem automatisierten Mahnverfahren zu verstehen ist.

.....

.....

.....

2. Während einer Frühstückspause diskutieren Sie in Ihrem Unternehmen darüber, welche Schritte gegenüber einigen Kunden eingeleitet werden sollten, um die noch ausstehenden Forderungen zu erhalten. Die Diskussion beschränkt sich auf das gerichtliche Mahnverfahren mit Zwangsvollstreckung oder Beauftragung eines Inkassoinstituts. Erläutern Sie Vor- und Nachteile der beiden Alternativen.

	gerichtliche Mahnverfahren mit Zwangsvollstreckung	**Beauftragung eines Inkassoinstituts**
Vorteile		
Nachteile		

3. Berechnen Sie in den folgenden Fällen die Verjährungsfristen.

Fall	**Verjährungsfrist**
a) Der Kunde Sven Klein hat am 13.04.2014 einen PC für 1.798,00 € gekauft und am 17.12.2015 einen Teil der Forderung bezahlt.	
b) Ömer Kocmaz erhält für eine gelieferte Küche am 21.11.2014 eine Rechnung über 6.500.00 €, zahlbar innerhalb von 8 Tagen nach Rechnungserhalt.	
c) Ufuk Uslu kaufte am 25.11.2012 ein PC-Tablet. Nach Überschreitung des vereinbarten Zahlungstermins schickt ihm der Einzelhändler eine Zahlungserinnerung, zwei Mahnungen und eine dritte und letzte Mahnung am 16.04. des folgenden Jahres.	
d) Ein Einzelhändler gibt seinem Auszubildenden am 24.08.2014 einen Vorschuss in Höhe von 250,00 Euro. Die Rückzahlung sollte in einem Betrag in einem Jahr erfolgen. Entgegen seinen Erwartungen konnte der Auszubildende den Betrag nicht ansparen. Der Einzelhändler stundet ihm am 30.09.2014 die Rückzahlung um ein halbes Jahr.	

5506212

14.7 Folgen finanzieller Fehlentscheidungen

Erarbeitungsaufgaben

1. Beschreiben Sie, welche personellen, finanziellen, organisatorischen und/oder sachlichen Gründe zu Unternehmenskrisen führen können.

Gründe für Unternehmenskrisen	
personelle	
finanzielle	
organisatorische	
sachliche	

2. Leiten Sie aus den Ursachen der Unternehmenskrisen mögliche Maßnahmen zur Gesundung des Unternehmens ab.

....

....

3. Nennen Sie Vorteile des außergerichtlichen Vergleichs für Schuldner und Gläubiger.

Vorteile des außergerichtlichen Vergleichs	
für Schuldner	für Gläubiger

4. Nennen Sie Argumente, die gegen eine Zustimmung zu einem außergerichtlichen Vergleich sprechen.

....

....

....

5. Erläutern Sie den Unterschied zwischen Liquidation und Insolvenz.

Liquidation	**Insolvenz**

6. Nennen Sie Eröffnungsgründe für ein Insolvenzverfahren.

....

....

Situation
Erarbeitung
Zusatz
Forder

7. Erläutern Sie den Fachbegriff „Abweisung mangels Masse“.

....

....

8. Nennen Sie die Folgen, die der Eröffnungsbeschluss des Insolvenzverfahrens für den Schuldner und die Gläubiger hat.

Folgen des Eröffnungsbeschlusses für das Insolvenzverfahren ...	
für den Schuldner	für den Gläubiger

9. Die Kosten des Insolvenzverfahrens betragen 18.000,00 €. Nach Aussonderung, Absonderung, Aufrechnung und verbleiben noch 120.000,00 €. Ferner sind nach Insolvenzeröffnung für Miete und Löhne noch 30.000,00 € zu zahlen. Die nachrangigen Insolvenzforderungen belaufen sich auf 480.000,00 €.

a) Ermitteln Sie die Insolvenzquote.

....

b) Erläutern Sie die Auswirkungen der ermittelten Insolvenzquote auf den Anspruch der nachrangigen Insolvenzforderungen.

....

....

Zusatzaufgaben

1. Die Verteilung der Insolvenzmasse erfolgt in einer festgelegten Reihenfolge. Erläutern Sie die Begriffe und führen Sie dazu jeweils ein Beispiel an.

Begriff	**Erläuterung**	**Beispiel**
Aussonderung		
Absonderung		
Aufrechnung		
Massegläubiger		

Begriff	Erläuterung	Beispiel
vorrangige Insolvenzgläubiger		
nachrangige Insolvenzgläubiger		

2. In der Gläubigerversammlung wird beschlossen, das Unternehmen aufzulösen. Die Hausbank hatte dem Unternehmen einen Kredit in Höhe von 100.000,00 € gewährt. Als Sicherheit hat sie dafür von 3 Fahrzeugen die Zulassungsbescheinigung, Teil II, übereignet bekommen. Durch die Verwertung der Fahrzeuge wurde ein Nettobetrag von 70.000,00 € erzielt. Berechnen Sie, wie hoch der Forderungsausfall der Hausbank ist, wenn die Insolvenzquote 10 % beträgt.

....

....

Forderaufgaben

1. Prüfen Sie, welche der unten stehenden Gegenstände bzw. Forderungen im Insolvenzfall

1 ausgesondert werden,	4 zu den Masseschulden zählen,
2 abgesondert werden,	5 zu den Massekosten oder
3 aufgerechnet werden können,	6 zu den bevorrechtigten Forderungen zählen.

a) geleaster Pkw ☐

b) Maschinen, die der Hausbank zur Sicherung übereignet wurden ☐

c) Gehaltsforderungen, die nach der Insolvenzeröffnung entstanden sind ☐

e) ein unter Eigentumsvorbehalt geliefertes und noch nicht bezahltes Fahrzeug ☐

f) Entlohnung des Insolvenzverwalters ☐

g) Rückständige Steuern für das letzte Jahr vor der Insolvenzeröffnung ☐

2. Über das Vermögen Müller e. K. ist das Insolvenzverfahren eröffnet worden. Bei Eröffnung des Insolvenzverfahrens besteht von der Schmidt KG an Müller e. K. eine Forderung von 3.808,00 € (einschl. 19 % Umsatzsteuer).

a) Berechnen Sie, wie viel der Insolvenzverwalter an die Schmidt KG bei einer Insolvenzquote von 12 % überweist.

....

b) Berechnen Sie, welchen Betrag die Schmidt KG durch die Insolvenz verliert.

....

3. Geben an, welche der unten stehenden Aussagen zum Insolvenzverfahren richtig ist. ☐

1 Der Antrag auf Eröffnung eines Insolvenzverfahrens kann nur von dem Schuldner gestellt werden.

2 Beim Insolvenzverfahren müssen alle Gläubiger auf ihre gesamten Forderungen verzichten.

3 Das Insolvenzverfahren wird unabhängig von der Höhe des Vermögens eröffnet.

4 Durch den Verzicht der Gläubiger auf einen Teil ihrer Forderungen soll die Weiterführung der Unternehmung ermöglicht werden.

5 Das alleinige Ziel eines Insolvenzverfahrens ist die Auflösung des Unternehmens.

Situation
Erarbeitung
Zusatz
Forder

4. Nachfolgend ist die Schlussbilanz des letzten Geschäftsjahres für die Altmann KG dargestellt.

Aktiva	Schlussbilanz		Passiva
Gebäude	210.000,00 €	Eigenkapital	100.000,00 €
Geschäftsausstattung	200.000,00 €	Hypotheken	680.000,00 €
Waren	280.000,00 €	Verbindlichkeiten	150.000,00 €
Bank	30.000,00 €		
Kasse	25.000,00 €		
nicht durch Eigenkapital gedeckter Fehlbetrag	185.000,00 €		
	930.000,00 €		930.000,00 €

Ein Gläubiger stellt beim zuständigen Amtsgericht den Antrag auf Eröffnung des Insolvenzverfahrens. Der vorläufig bestellte Insolvenzverwalter prüft anhand der ihm zur Verfügung gestellten Unterlagen, ob ein Insolvenzverfahren u. U. mangels Masse abgelehnt werden muss. Die Kosten des Insolvenzverfahrens werden mit 70.000,00 € angesetzt. Erläutern Sie, ob die Voraussetzungen für die Eröffnung eines Insolvenzverfahrens gegeben sind.

....

....

....

5. Für die Ermittlung der Insolvenzquote stehen folgende Zahlen zur Verfügung:

– Forderungen nachrangige Insolvenzgläubiger: 780.000,00 €
– Restmasse 93.600,00 €

a) Ermitteln Sie die Insolvenzquote in Prozent.

....

b) Wie viel € erhält ein nicht bevorrechtigter Insolvenzgläubiger, der eine Forderung von 20.000,00 € hat?

....

6. Erläutern Sie mögliche Folgen, wenn das Unternehmen am Ende des Insolvenzverfahren aufgelöst wird.

....

....

....

....

....

....

....

....